CHI 膣 TSU 締めるだけ

くびれと健康がとまらない!

ダイエット

トレーナー 村田友美子

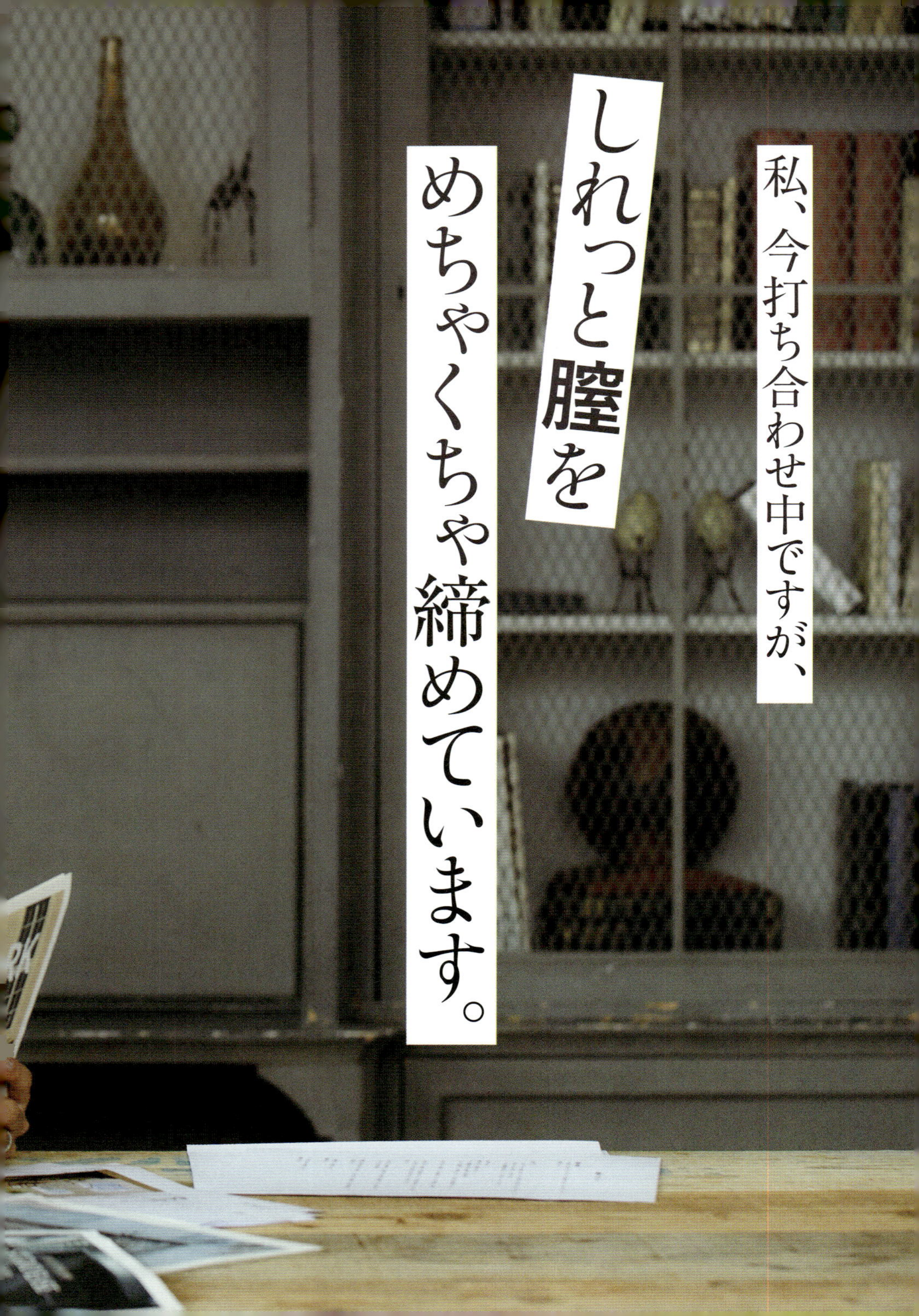
私、今打ち合わせ中ですが、
しれっと膣を
めちゃくちゃ締めています。

ギュッ！はNG スーッと"引き上げる"がポイント

腹筋？

ランニング？

食事制限？

はっきり言っていりません

膣さえ締めれば

カツカレー食べてもくびれるんで

膣を引き上げれば
カラダも肌も
すべて変わる

MERIT 1

くびれ

いくら痩せていても、メリハリのないカラダでは女性らしさが出ません。また、トレーニングなどでガシガシ腹筋を鍛えたことで、ガッチリとした男性的なお腹になってしまう場合も。膣を引き上げるとカラダの内側からキュッと引き締まるので、しなやかなくびれが手に入ります。呼吸が深くなって基礎代謝も上がるので、特別な食事制限をしなくても曲線的ですっきりとしたボディラインに。

MERIT 2

美脚

脚のフォルムは骨や筋肉のつき方のバランスによって決まるもの。前ももやふくらはぎがパンパンに張ってしまっている人は、関節や骨に問題があります。膣の引き上げを意識しながら歩けば、体幹が安定し、脚に負荷をかけずに歩くことが可能。張りが解消され、すっきりとした美脚が叶います。

MERIT 3

アンチエイジング

若々しさのカギを握るのは、女性ホルモン。その女性ホルモンを司っているのが子宮です。膣を引き上げれば内臓が正しい位置に収まり、子宮の状態が改善することもあります。ホルモンバランスが整えば、ハツラツとしたカラダをキープできます。「膣と一緒に顔もリフトアップした」なんて声も。

MERIT 4

美肌

膣の引き上げによって血流が改善され、代謝もアップが期待できます。全身の巡りが良くなって、肌のコンディションが整います。また、腸の動きが活発になることで便秘も解消され、カラダに溜まりやすい毒素もしっかりデトックス。肌荒れがストップし、トラブル知らずのつややかな肌に。

MERIT 5

身長が伸びる

縮んでいた筋肉が膣と一緒に縦方向にしっかりと伸びるため、このメソッドを始めてから身長が伸びたという報告が続出！30～40代の女性でも1～1.5センチほど伸びるケースも珍しくなく、1回のトレーニングで効果が出る人も。

膣を引き上げると**カラダの不調**から解放される

MERIT 1

腰痛

つらい腰痛や肩コリを招く最大の要因は、悪い姿勢の積み重ねなどによって生まれる筋肉の血流不足や老廃物の滞り。ゆがんだ姿勢をリセットし、膣を引き上げ、体幹を安定することで血行が促進されて巡りのいいカラダに。腰や首の痛みも緩和し、全身がすっきりラクになります。

MERIT 2

PMS

下腹部の鈍痛やむくみ、イライラなどのPMS（月経前症候群）が起こる理由のひとつが、子宮周囲の血行が滞る、いわゆる「瘀血（おけつ）」の状態です。膣を引き上げて内臓を正しい位置に戻すことで、子宮の血行がアップ。生理時のつらい症状が軽減します。中には、生理不順が改善したという人も。

MERIT 3

尿もれ

人知れず悩んでいる人も多いのが、くしゃみをした時やスポーツ時など、お腹に力を入れる場面で起こる尿もれ。出産や加齢をきっかけとする尿道口の緩みによって起こり、パッドなどで対処している人がほとんど。膣の引き上げで膣圧を上げると、緩んでしまった筋肉が鍛えられ、根本からちょいもれを防ぐことができます。

MERIT 4

内臓下垂

女性に多いのが、それほど太っていないのにぽっこりと下腹が出ているケース。その下腹は脂肪ではなく、内臓のたれ下がりが原因の場合も。内臓を正しい位置に収めるには、それを支える筋肉のトレーニングが必須。膣を引き上げて周辺の筋肉を鍛えることで、内臓をしっかり持ち上げてキープすることができるように。

MERIT 5

便秘

内臓の下垂によって、カラダにはさまざまな不調が生じます。そのひとつが便秘。内臓が下がると腸の動きが悪くなり、便通が滞りがちに。膣を上げて内臓の位置を戻すと、腸の血流が増加して蠕動《ぜんどう》運動が活発に。便の通りが良くなり、毎日の排便がスムーズになります。

はじめに

カロリー制限と姿勢改善。どちらが早くヤセられると思いますか？

「姿勢改善？　そんなの後回し。まずは食事制限でしょ」と思ったあなた。たしかに食事を我慢すれば体重は落ちるし、トレーニングで体型もある程度は変わります。でも、カラダを保つには常にそれらを続けなくちゃいけない。それってすごく大変ですよね。トレーナーという立場の私もそのジレンマを感じていましたが、姿勢について学んだことで考えが一変しました。食事制限やガシガシの筋トレより、正しい姿勢を保つ方がより早く効果的にヤセられる。そして、姿勢を維持するために欠かせないのが〝膣を締める〟ことでした。膣は体の軸であるからこそ、そこを起点に姿勢を正すだけで全身が整い、劇的にカラダが変わります。それも、ただヤセるだけでなく、健康も勝手に手に入るのです。

　この本では、膣を締めて姿勢を正しく保つためのコツをじっくりと紹介しているので、ぜひ試してみてください。

私のカラダを変えた膣締め体験談 ❶

産後の**尿もれ・湯もれ**からの解放

三度の出産を経験した私にとって、尿もれは深刻な問題。膣自体も開いてしまい、入浴後にドバーッとお湯がもれてしまうことも。それが膣締めメソッドを始めたことで緩んだ筋肉が鍛えられ、尿もれやお湯もれがピタッとなくなったのです。

最近は、和式トイレが減った影響や交通が便利になって歩かなくなった影響もあり、中学生くらいの年齢でも〝ゆる膣〟が増えているそう。また、筋肉の緩みがひどくなると子宮の一部がカラダの外に出る〝子宮脱〟になってしまう人も。「尿もれくらい」なんて甘く考えずに、ぜひトレーニングを!

私のカラダを変えた膣締め体験談❷

便通がとまらない！ 食べてすっきり出せる

私のクラスに通う生徒さんたちが口を揃えて語るのが、このメソッドを始めてすぐに便通の変化を感じたということ。それも「まるで便を油でコーティングしたみたいに、腸からスルッと滑り出る感じ！」と言うのです。私もまさにそう感じていて、たくさん食べてもムダなものがカラダに溜まらず、毎日すっきりと出ていく感覚があります。

週1ペースの便秘症だった私が負担なく排便できるようになったのは、腸が正しい位置できちんと働いているから。〝しっかり食べてしっかり出す〟快便効果で肌荒れもなくなり、太りにくいカラダになりました。

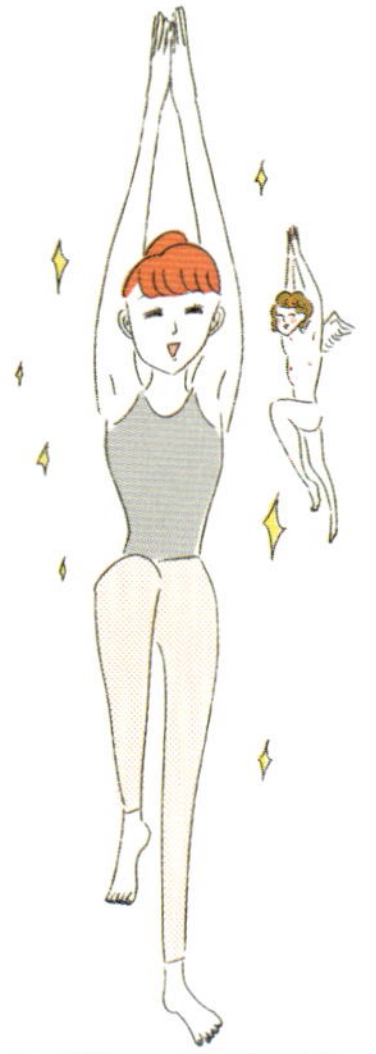

CONTENTS

PART 1 膣さえ締めていれば くびれがとまらない理由

PART 2

まずは、締めるためのスタートラインに立つ

PART 3

どんな時も締められるカラダになるストレッチ

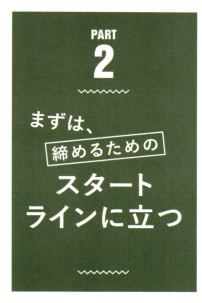

PART

4

24時間 締まってとまらない 膣ウォーク

COLUMN

PART

1

膣さえ締めていれば

くびれがとまらない理由

YumiCoreBody method

膣を締める

＝

骨盤底筋を引き上げる

膣を締めるだけでカラダが変わる理由、それは膣を取り巻く筋肉の構造にあります。膣の下部には**骨盤底筋**という筋肉があり、ハンモックのように内臓を支えています。骨盤底筋は重力に逆らって縦方向に働くのが特徴で、膣を締める動作はこの**骨盤底筋を引き上げること**を指します。骨盤底筋を引き上げることで天然のガードルと呼ばれる腹横筋、背骨を支える多裂筋、呼吸を助ける横隔膜の4つのインナーマッスルが連動して働きます。

つまり膣を締めるだけで、**4つ同時にインナーマッスルのトレーニングできる**ということ。カラダに軸が通り、くびれや姿勢、呼吸などにアプローチし、効率的にカラダを変えられるのです。

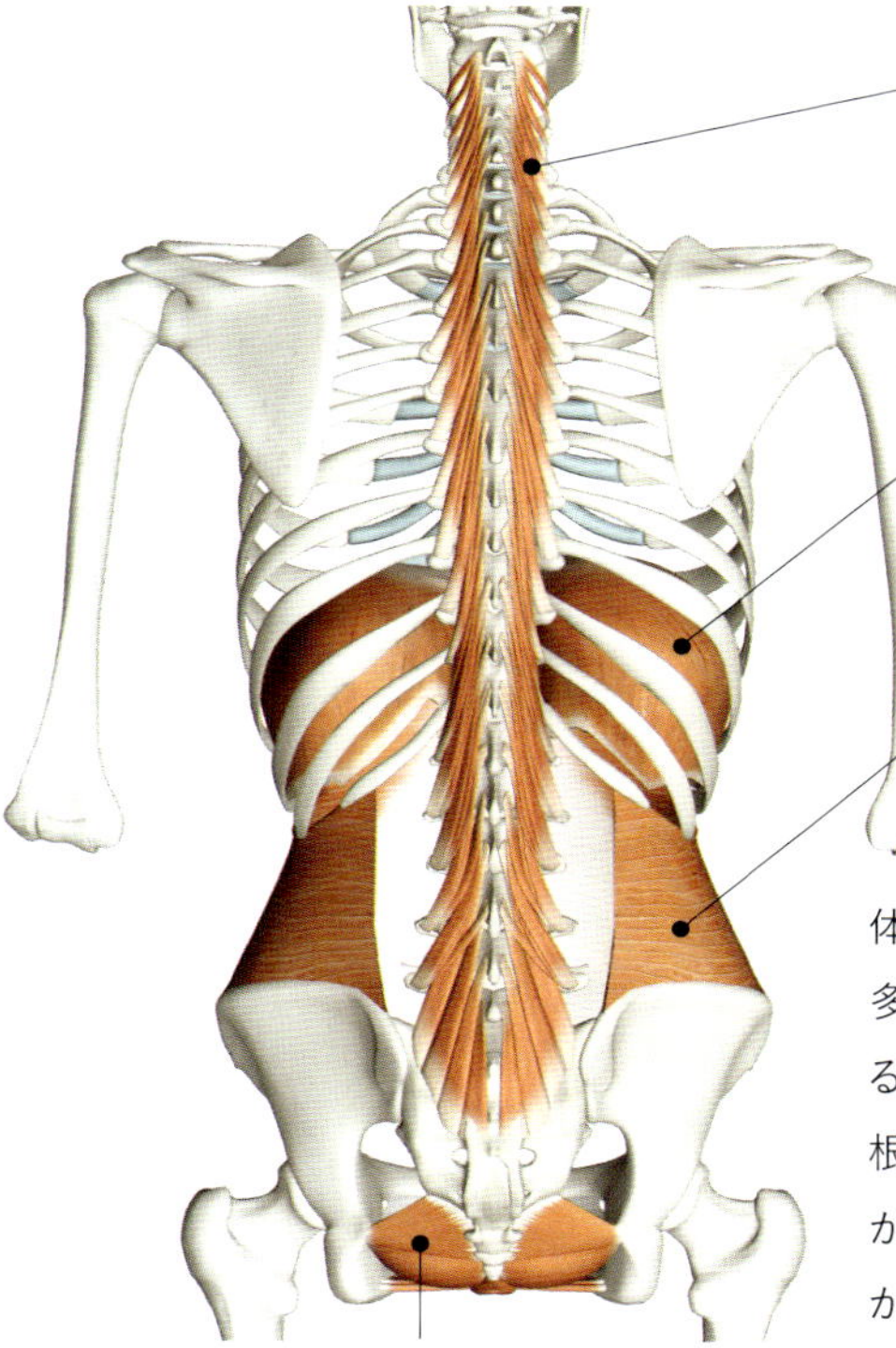
多裂筋
背中の深部にあり脊柱を支えて姿勢を安定させる筋肉。
横隔膜
胸部と腹部の間にあり、深い呼吸をサポートする筋肉。
腹横筋
肋骨下から骨盤にかけてベルト状にお腹を覆う筋肉。
骨盤底筋
坐骨、恥骨、尾骨につながっており、内臓を支える筋肉。

体幹（コア）に位置する横隔膜、腹横筋、多裂筋、骨盤底筋は、カラダの深部にあるインナーマッスルの一部。横隔膜が屋根、腹横筋が壁、多裂筋が柱、骨盤底筋が床、と家の構造になぞらえていることから「コアハウス」と呼んでいます。4つの筋肉が連動して働くこのコアハウスを正しく動かすこと、それこそが膣締めメソッドの基本にして極意なのです。

骨盤底筋群

肛門の前の8の字が交差した部分が骨盤底筋の重要な部分。会陰といわれる位置です。骨盤底筋にあるすべての組織と筋肉の層がここでつながっており、筋の強さが集中するポイント。「膣を意識する」というとき、ここ（★）を意識するとカラダに軸が通るんです。

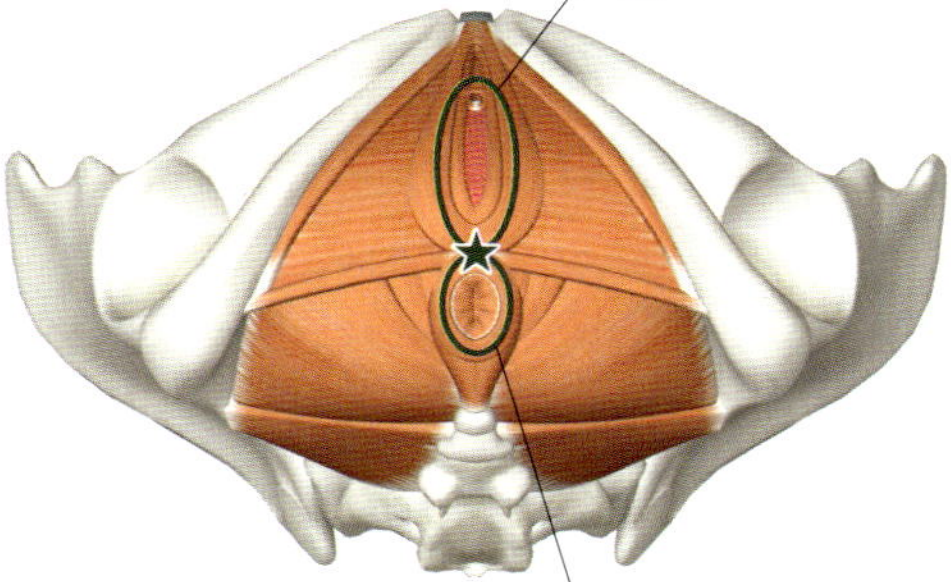
膣
肛門

YumiCoreBody method

骨盤底筋はしらたきを内側から吸い上げるイメージで

いきなり〝骨盤底筋を引き上げる〟と言われても、感覚を掴めない人も多いはず。私はよく生徒さんに**「膣の穴から1本のしらたきを吸い上げるところをイメージして！」**と伝えています。ツルツルした質感のしらたきは、しっかり引き上げないとスルッと滑り落ちちゃう気がしますよね。とはいえ、柔らかいから力を入れすぎると切れてしまうはず。落とさず、切らず、チュルチュル〜ッとしらたきを吸い上げる感覚で、**骨盤底筋を優しくカラダの内側に引き上げるのがコツ**。ちなみに、クラスではわかりやすいようにしらたきで説明していますが、一般的には「ティッシュを箱から引き出す」「ハンカチを床からつまみ上げる」

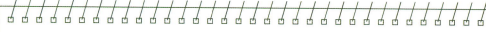

と表現する例も。私自身が思い浮かべているのは、東京ドームシティにあるパラシュートのような遊具！　フワーッと上がって、フワーッと下がる。それと同じように、**膣がカラダの内側をゆっくり上下する**イメージで、骨盤底筋を働かせています。

まずは
膣を締めてみよう

骨盤底筋のイメージがなんとなく掴めたら、
実際に自分で膣を締めてみましょう。
ここまでにお伝えしたことを意識しながら、
自然な状態で、骨盤底筋を引き上げてみて。
まず1本のしらたきを思い浮かべて、
そのしらたきを落とさないように膣の底から
上に向かって優しく吸い上げていきます。
膣やカラダはどんな風に変わりましたか？
しらたきはどこまで上がっていますか？

CHECK

あなたも当てはまる!? よくある間違いをチェック

自分では「膣を締めた」と思っていても実は間違っていることがほとんど。多くの人が陥りやすい失敗例がこちらです。

それ、腹圧で締めているだけだから!

Yumico's

喝! 腹筋ではなく膣を意識して!

それは、腹圧でお腹を薄くしているだけ。膣は締まっていません! 腹直筋などの腹筋が働くと、膣を締める時に働く腹横筋が潰れて働かなくなってしまいます。外側から凹ませるのではなく、内側から膣を引き上げるイメージが正解!

それ、お尻の筋肉で締めているだけだから！

これも膣が締まっていない可能性が大！ 肛門を締める筋力は骨盤底筋より圧倒的に強いため、同時に働かせることは難しく、9：1くらいの割合に分散してしまいます。お尻の筋肉で締めた気になっているのかもしれません。しっかりと膣を引き上げるには、肛門は締めずに骨盤底筋に集中して。

肛門よりも
膣ファースト！

Yumico's 喝！

YumiCoreBody method

インナーマッスルを効かせるために**アウターマッスル**は**オフ**に

膣を締めようとしても、骨盤底筋ではない筋肉を使ってしまう人が多いはずです。というのも、筋肉には外側にある**アウターマッスルと深部のインナーマッスル**があり、腹直筋などのアウターは、笑ったり背中を丸めたりするなどの日常の動作で勝手に鍛えられてしまう性質があるからです。

一方、インナーは意識しないとスイッチが入らず、普通にしているとアウターが先に働いてしまうんです。さらに、アウターが鍛えられて腹部が縮むことで、骨盤底筋が引き上げられなくなってしまいます。膣を締めたいなら、まずは**アウターをオフにすること**。固くなったアウターを緩め、**インナー優位**に切り替える必要があります。

腹横筋
お腹の深層にあり横に走る筋肉。コルセット効果を持つ。

腹直筋
お腹の中心部を縦に走る筋肉。カラダを曲げる時に働く。

腹斜筋
肋骨と骨盤の間を斜めに走り、カラダをねじる時に働く。

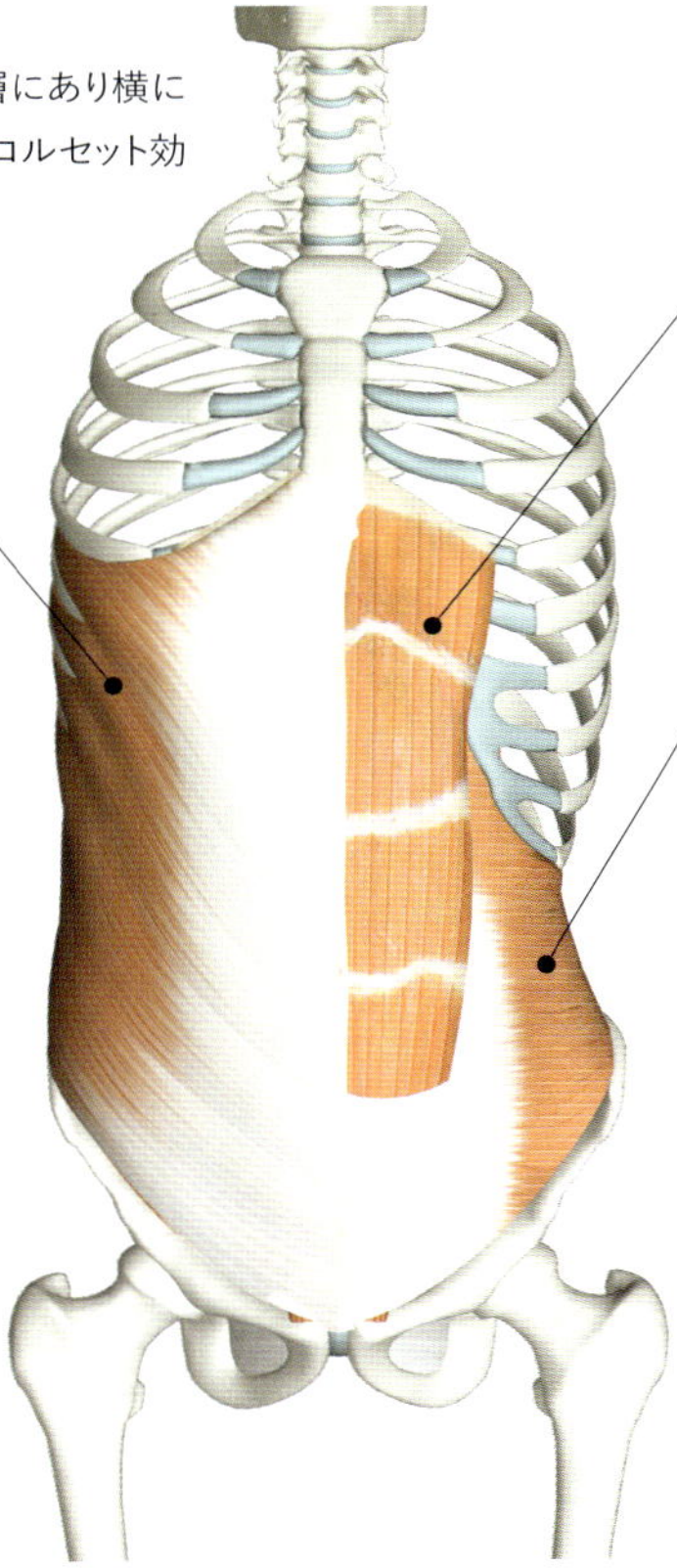

腹直筋は縦方向に、腹斜筋は斜めに働くアウターマッスル。腹横筋は横に働くインナーマッスル。アウターマッスルのほうが強いため、インナーマッスルは働きづらくなってしまうのです。さらに、アウターマッスルが鍛えられると腹部が縦につぶれ、よりインナーマッスルが働かなくなってしまうことも。

アウターを使うとくびれない!

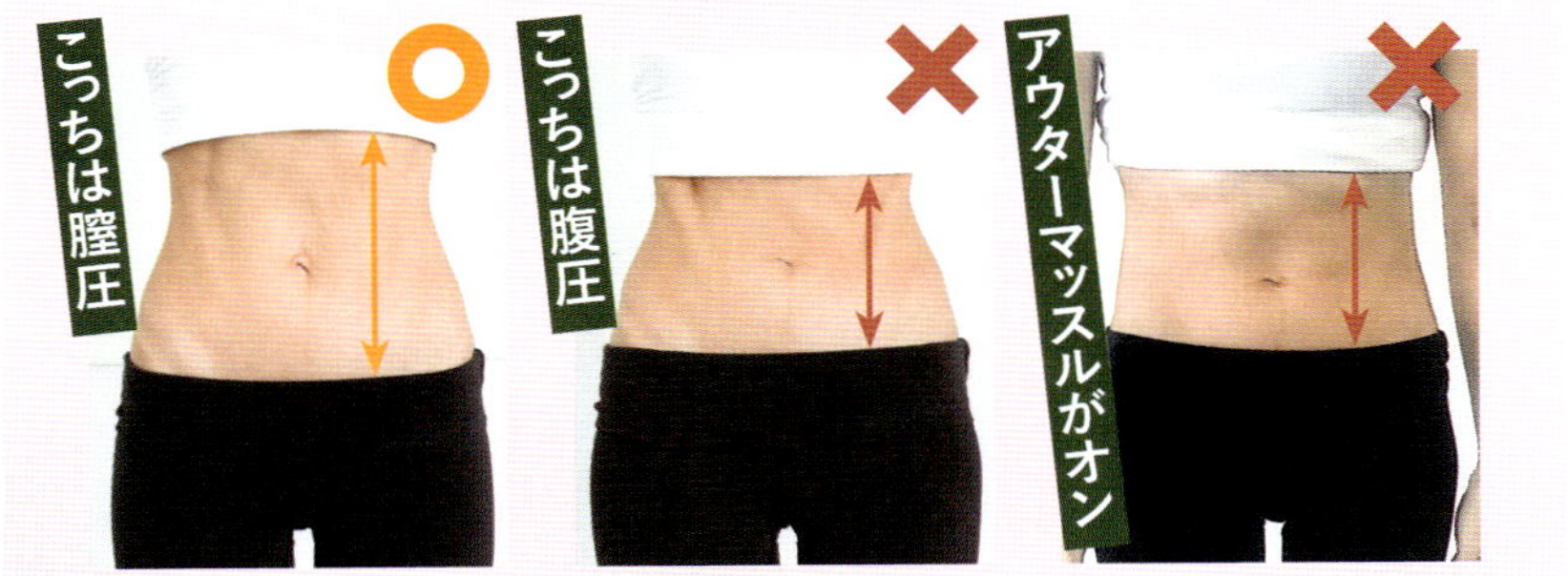

細くて長いくびれ　くびれているけれど短い　短く四角い

CHECK

あなたは締まる人？締まらない人？

インナーマッスルを意識しても
締まらない人は、姿勢に問題がある場合も。
次のＮＧ姿勢に当てはまる人は要注意！

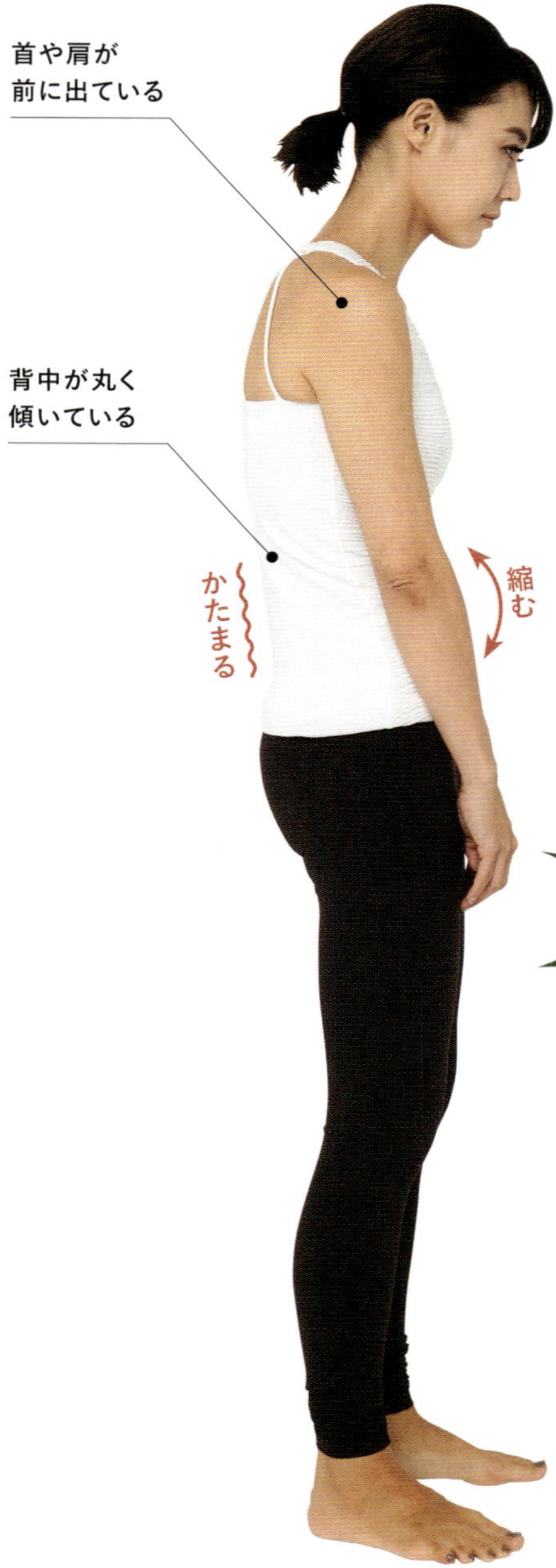
首や肩が
前に出ている
背中が丸く
傾いている
かたまる
縮む

CHECK 1 猫背

スマホやパソコンをよく使用する人に多いのが猫背。背中が丸まり、首や肩が内側に入っている状態を指します。お腹のアウターマッスルが働きやすくなるうえ、歪みがあることで骨盤底筋も途中までしか上がらず、正しく締めることができません。

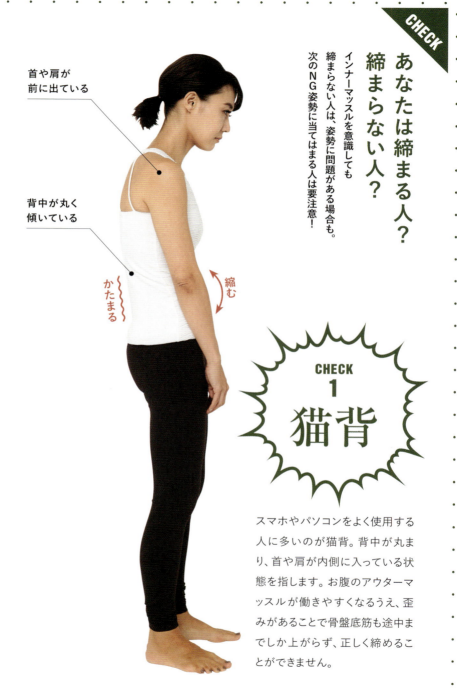

CHECK
2
そり腰

ヒールを履く女性に多いそり腰は、姿勢を正そうとした時にもなりやすいので注意が必要。胸を張りすぎて、引っ張られるように骨盤が前傾してしまうのです。この状態だと背部が潰れてしまい、骨盤底筋が引き上がらなくなります。

骨盤が前に
倒れている

腰椎型

腰椎が
反っているタイプ。

胸が前に
突き出ている

胸椎型

胸椎が張っているタイプ。ハト胸。
肋骨がパカッと開いている。

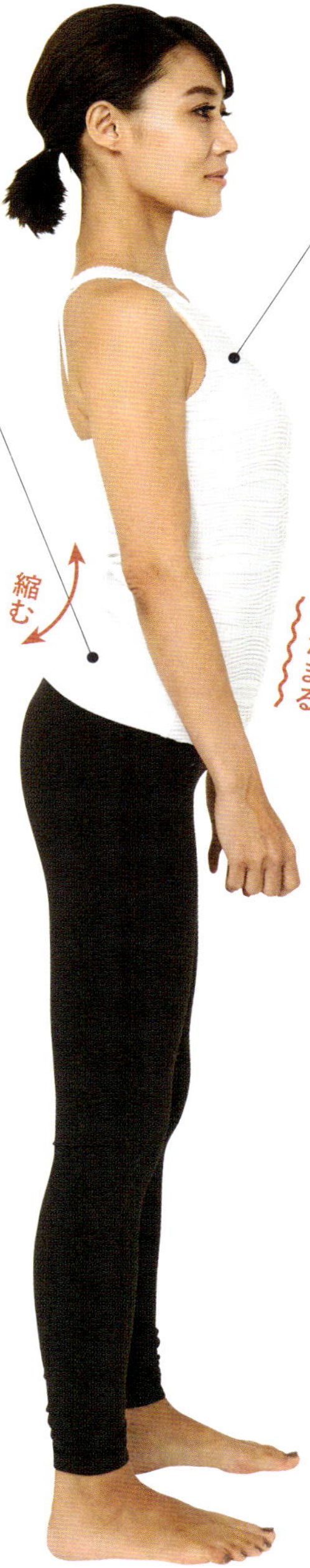

YumiCoreBody method

股関節が内向きの人は締まらない

締まらない人の二大特徴の**猫背とそり腰**は、複合しているケースも多数。この二つが合わさると膣が締まらないだけでなく、前ももが太くなり、お腹はぽっこり、呼吸が浅くなって代謝も悪くなる、と悪いことだらけ。今すぐ改善しましょう！

まずは、ほとんどの女性が該当するそり腰からです。実は、そり腰は股関節と連動していて、**そり腰の人は内またになり、内またの人はそり腰になる**と決まっています。つまり、股関節が内向きになっているとインナーマッスルが働かず、膣を締められないということ。股関節を外旋させればそり腰を修正できるけれど、内またはカラダのクセとして固まってしまっている場合が多く、膝を

胸椎をグッと反ると、肋骨から骨盤までの幅がカラダの前後で異なってしまう。

股関節が内向きになっている状態では膣は締まらない。正しい位置に股関節がはまる必要がある。

外側に向けても、意識していないとすぐに戻ってしまいます。しっかりと外旋させるには、**股関節を緩めて可動域を広げる**必要があるんです。

また、猫背の矯正には背筋を伸ばすことが必須ですが、ひとつ注意点があります。そり腰にならずに胸を張ろうとすると、胸椎をグッと反りますよね。すると、カラダの前側は肋骨から骨盤までの幅が広くなり、背中側は狭くなります。この幅が前後で違うと、インナーマッスルの腹横筋が傾いてしっかり締まらないんです。前後の幅を揃えるには、**背骨の周辺を緩めてから伸ばす**ことが重要。この股関節や背骨周辺の緩め方については、後ほどきちんと説明します。

YumiCoreBody method

骨盤の位置を床と垂直にさせると膣が締まる

締まる人の姿勢で重要なのが骨盤の位置です。骨盤底筋はハンモック状なので、そり腰のように骨盤が前傾すると潰れてしまいます。インナーマッスルが正しく働くようにするには、**骨盤をやや後傾させることがポイント**です。

カラダにとって自然な骨盤位置をニュートラルポジションと言います。一般的には「**床と垂直に**」と表現されています。ところが、ほとんどの女性はそり腰なので、垂直を意識するぐらいでは骨盤は前傾したまま、ということが多くあります。

後傾を意識して初めてニュートラルポジションになる人が多いので、「**後傾させる**」と表現しました。ただし、そり腰でない人は後傾させると偏りが出るので、骨盤を床と垂直にするように意識しましょう。自分の姿勢を確認してみてください。

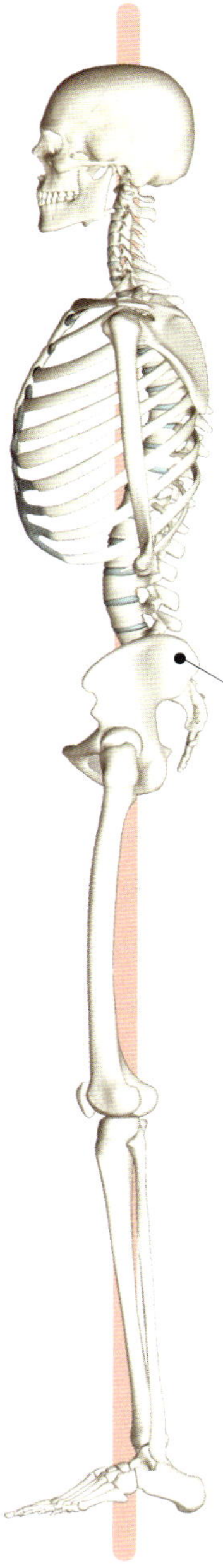

耳、肩、脚の付け根の出っ張り、膝がすべて一直線上にあり、両膝が正面を向いているのが“正しい姿勢”。肛門を床に向けるように意識することで、そり腰にならずニュートラルポジションがキープできます。

ここを
CHECK

骨盤を床と垂直にするイメージが掴めない人は、肛門を少し丸めるようにしてみると◎。

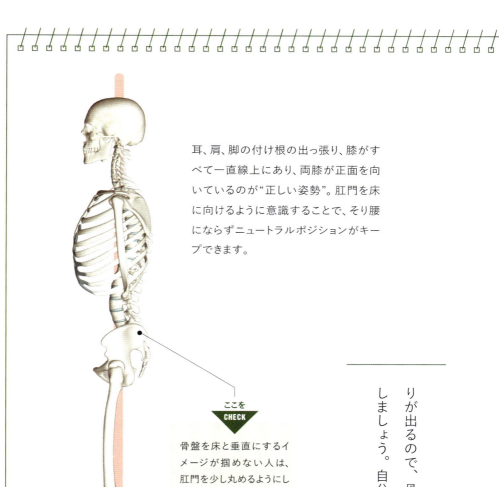

誰でも膣が締まってしまうポーズ

自動的に骨盤が後傾するこのポーズなら誰でも確実に膣を締めることができます。やりやすいほうで試してみましょう。

How to

寝るバージョン

あお向けに寝転がり、骨盤を丸めるように両膝を上げ、股関節から脚を外側に開きます。腰が少し丸まっている状態で、内ももから膣を引き上げるイメージです。肩はリラックスしておきましょう。

肩幅よりやや広めに開く
肛門を丸めるように
股関節を外側に
肩はリラックスして
背中が丸まらないように

How to

座りバージョン

膝をついて立ち、かかとをくっつけます。手はラクな位置に置きます。骨盤を床と垂直にしている状態で、股関節を外にねじりながら膣を引き上げます。骨盤が正しい位置になるので、締まりやすくなります。ゆっくり息を吐きながら膣を引き上げていきましょう。

背筋を伸ばして
腰を床と垂直に
股関節を外側に向ける
かかとをくっつける

膣をさらに締める仙骨ワザ＆大転子トレーニング

ここで、膣をさらに締めるために覚えておきたいポイントが二つあります。それが「仙骨」と「腸骨」。仙骨は骨盤の中央、カラダのちょうど真ん中にあります（背骨の下端の骨）。腸骨は、腰に手を当てた時に出っ張っている蝶々のような骨です。これをはめることで、天然の骨盤ベルトのような役割をします。

では、どのように締めたらよいのか。背筋を伸ばし腰が反らない状態で、股関節の横あたりに出ている骨**「大転子」を意識します**。ちょっと力を入れるイメージで内ももを外側にねじります。次に、**腸骨を仙骨にぐっとはめ込むような意識**をしてみてください（左の写真参照）。この状態は大転子を外旋させていることによって坐骨が寄り、お腹に力を入れることなく、膣が締まりやすくなるのです。この仙骨ワザにプラスして、左下の**「大転子のトレーニング」**をすることで、さらに膣が締まりやすくなります。

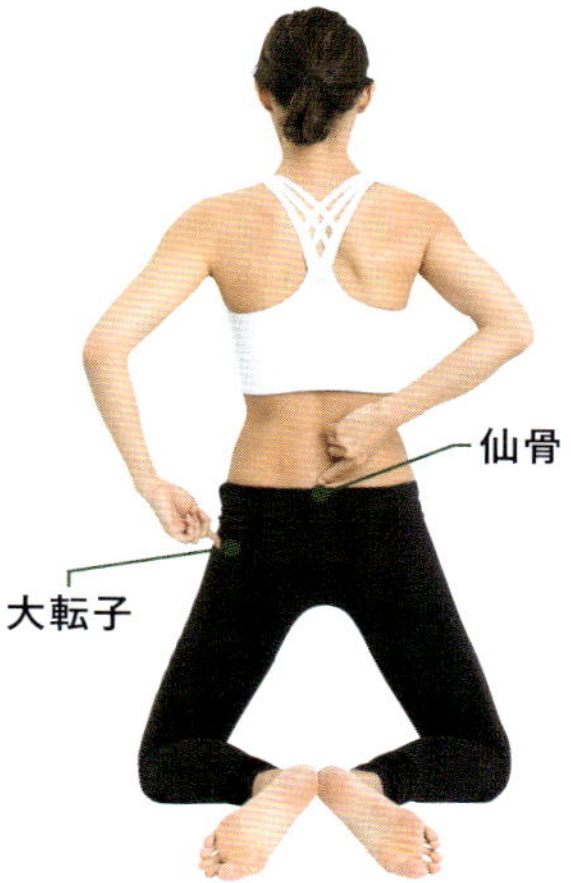

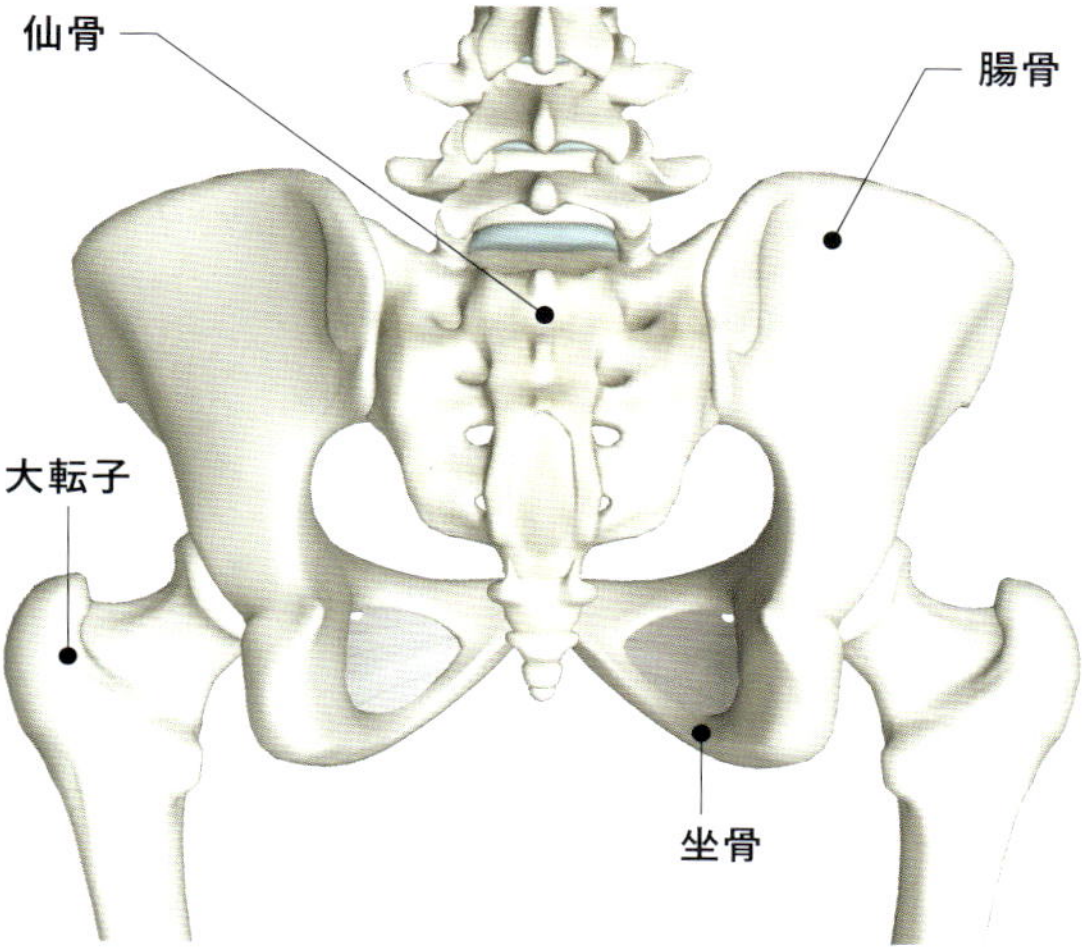

腸骨を仙骨にはめ込む意識で。坐骨が寄り、膣が締まりやすくなります。

大転子のトレーニング「クラム」

股関節をはめるためのトレーニングです。横になって足を上げ、手を使って内ももを自分のほうにねじります。この時、大転子を意識しましょう。腰は浮かないように気をつけます。

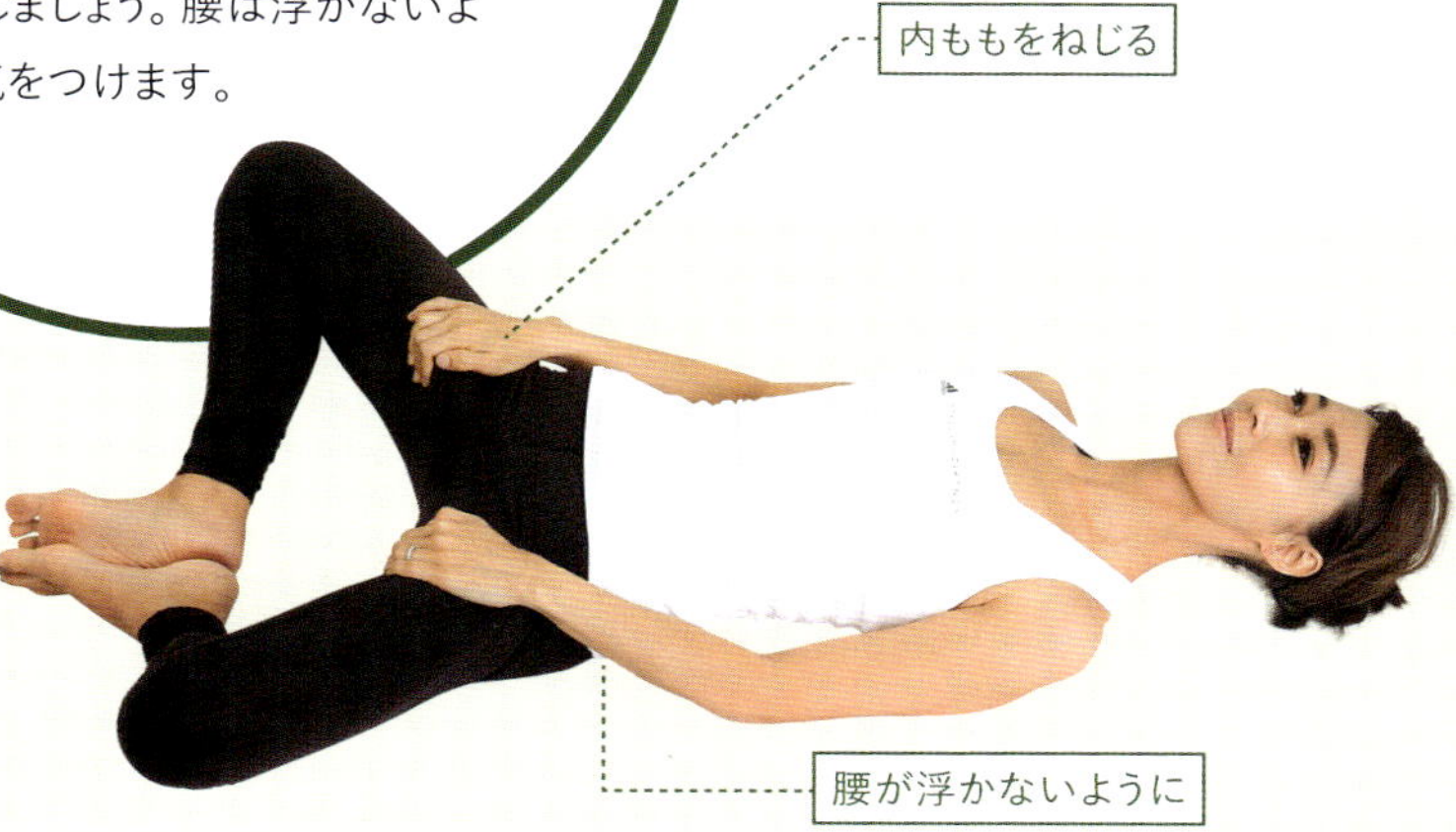

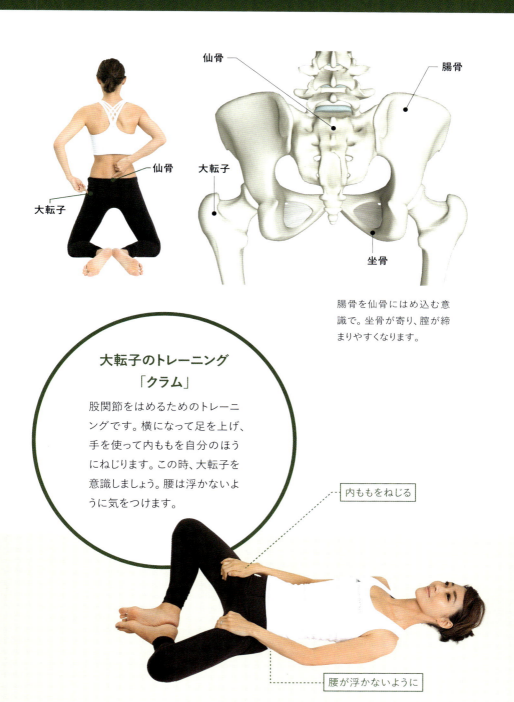

それでも締められているかわからないあなたへ

〝誰でも締まるポーズ〟をもってしても、「締まった気もするけれど、やっぱりよくわからない……」という人が中にはいるはずです。その場合、姿勢の問題ではなく、**インナーマッスル働かない骨格**の可能性があります。

股関節や腰などが硬い人は可動域が狭いため、アウターマッスルを使ってお腹やお尻に力を入れてしまいがちです。その場合、アウターマッスルが優位になってしまっていることが考えられます。

つまり、インナーマッスルを優位にしてしっかりと働かせるには、ポーズの前に準備が必要だということ。**かたまりやすい股関節まわりや腰、お腹を緩めて柔軟性をもたせ、可動域を広げておく**必要があるのです。

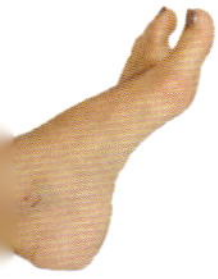

CHECK

あなたは締められるカラダ？チェックポーズ

膣を締められるカラダかどうかは
この動きをしてみれば一目瞭然！
自分の状態をチェックしてみましょう。

膝を胸にくっつけられる？

真っ直ぐ横たわった状態で、胸に膝がくっつくようであれば、骨盤に柔軟性があって“締められるカラダ”だということです。

膝が離れてしまう場合は、股関節が硬くて骨盤の可動域が狭いため膣が締まりません。また、腰や肩が浮いてしまう場合もNG！

YumiCoreBody method

キツキツのボディスーツを着たカラダだから「ほぐし」が必要！

締められない要因は、**カラダの外側（皮膚・筋膜・アウターマッスルなど）の張り**。筋トレや骨格などによって硬くなる場合もありますが、もっとも影響が大きいのは、**日々の姿勢や無意識なカラダのクセ**の積み重ねです。

皮膚の下には筋肉を包む筋膜と呼ばれる膜があり、悪い姿勢が積み重なることで筋膜の繊維が絡まり、水分が枯渇して伸び縮みしなくなってしまいます。筋膜はボディスーツのように全身に巡っているので、筋肉や骨、関節が圧迫されて可動域が狭まってしまうんです。XXSサイズのボディスーツを着ている自分を想像してみてください。すごく動きにくいでしょう？（笑）悪い姿勢を

続けたカラダは、その状態ということ。カラダを動かしやすくするには、ボディスーツをＬサイズくらいまで緩めなくてはいけません。

そこで必要になるのが「ほぐし」のプロセス。**圧迫とストレッチを加えて緩めていく**ことで、筋膜の水分が回復してカラダの可動域が広がります。その状態になって初めて、腟締めに取り掛かれるんです。ほぐしを省くと腟は締まりづらくなります。つまり、それだけこのメソッドで重要な位置を占めているのです。逆に、**きちんとほぐれていれば外側が緩んで姿勢が整い、腟も締まるようになります**。〝締まるカラダ〟になるために、正しいほぐし方をマスターしていきましょう。

YumiCoreBody method

ほぐしとストレッチが自然に締まるカラダをつくる

**固まったカラダを緩めて正しい姿勢が身につけば自然と膣は締まります。
ここからは、そんな“締まるカラダ”へと導く3つのプロセスを紹介していきます。**

ほぐす

膣が締まらない原因は、姿勢の悪さやアウターマッスルによって外側がカチカチになったカラダにあります。まずは筋膜を緩めて動きやすくし、内側のインナーマッスルが働く姿勢に整えていきます。

P45～参照

ストレッチ

背骨の状態が悪いと、せっかく整えた姿勢もすぐに戻ってしまいます。ストレッチで背骨をしなやかな状態にすることで、縦に伸びる姿勢をしっかりキープできるようになります。

P65～参照

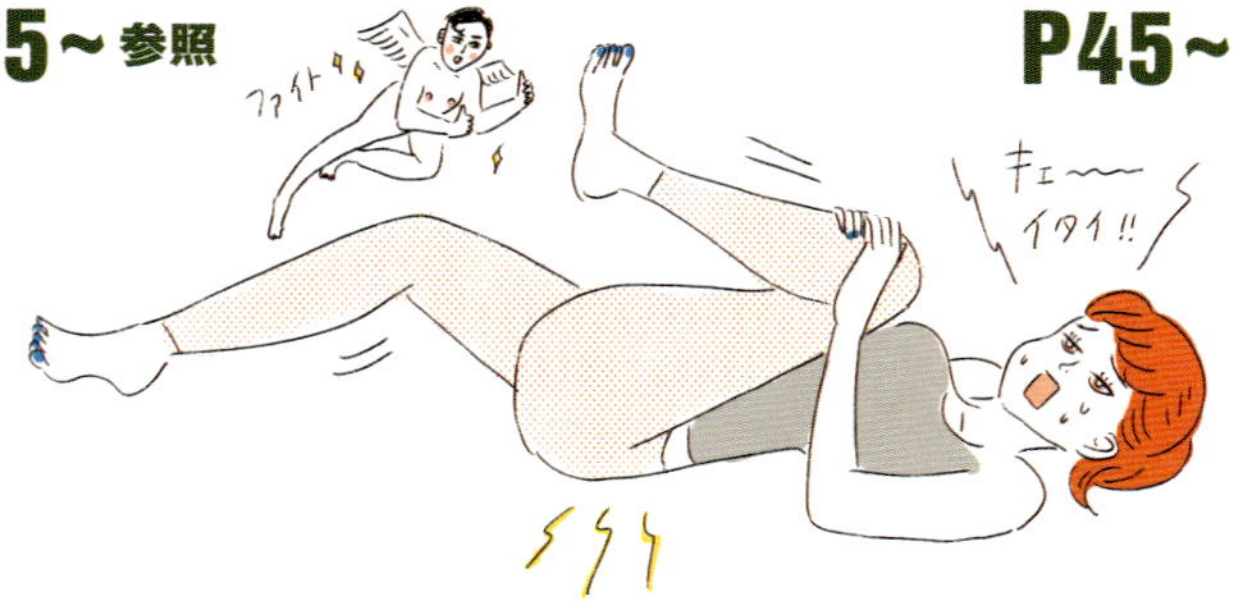

24時間締められるカラダになる

24時間締められるカラダで
くびれも健康も
とまらない!!
Chitsu
ヤックネ!

膣ウォーク

膣を締められるようになったら、脚と膣の動きが連動するように形状記憶させていきます。自動的に膣が引き上がるようになってカラダに軸が通り、締めようと意識しなくても勝手に締まるカラダを目指していきます。

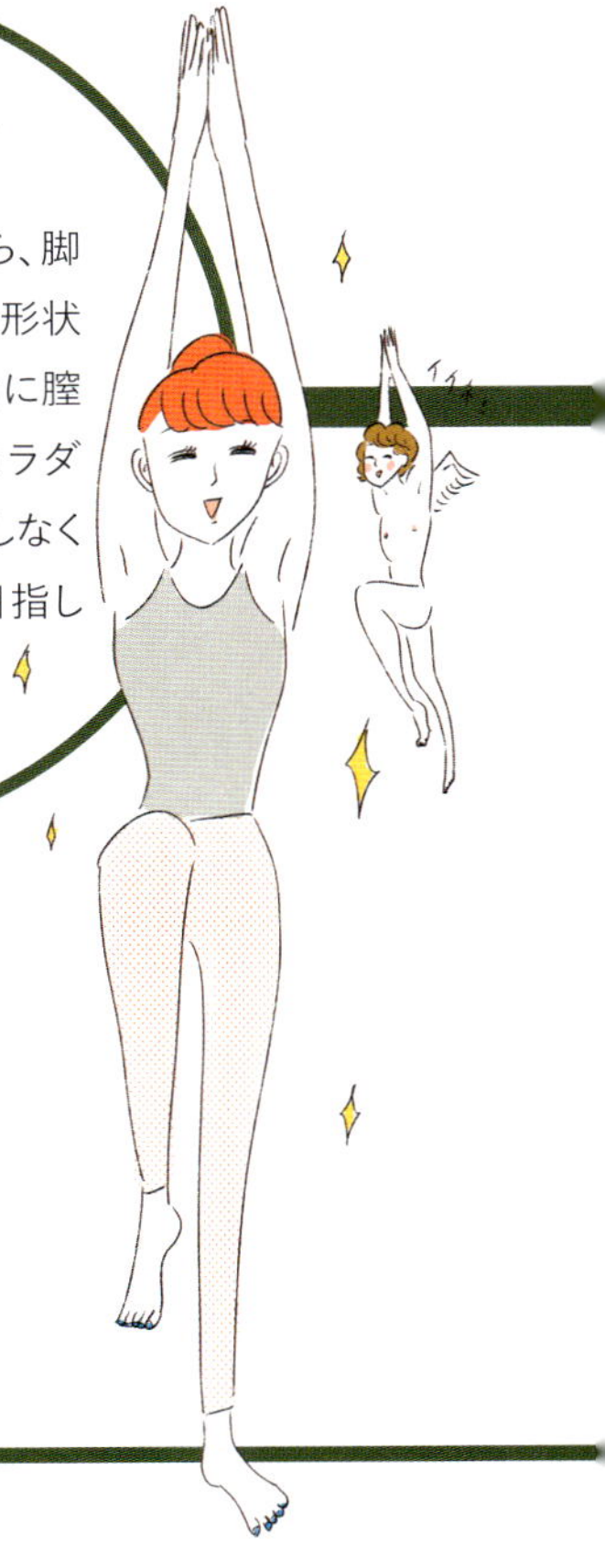
イイネ!

P81～参照

COLUMN 01

自転車に乗りながら締めてます！

自転車は最高の膣締めタイム。膣を引き上げる感覚を掴むのに、サドルの形状が最適なんです。ＵＦＯキャッチャーみたいに、サドルを坐骨でパクッと捕まえてギューッと引き上げるイメージを思い浮かべるとわかりやすいはず。

肩甲骨の裏あたりまで膣を上げたら、そのまま膣から脚が生えているようにイメージしながら漕ぎます。この方法で漕ぐと前ももにまったく負荷がないうえ、股関節をしっかり外旋させることでヒップアップ効果も。長時間漕いでも疲れないし、トレーニングもできて、まさに一石二鳥。最近は電動自転車の電源をオフにして乗るほど、満喫しています。

PART 2

まずは、締めるためのスタートラインに立つ

膣締めできるカラダになるための筋膜リリース

私がいう「ほぐし」とは、いわゆる筋膜リリースのこと。悪い姿勢などの積み重ねによって筋膜は癒着し、可動域が狭くなってしまいます。その癒着を解きほぐし、しなやかな状態にするのが筋膜リリースです。私のメソッドで、もっとも時間をかけるのがほぐしのプロセス。なぜなら、**外側がかたまったままでは内側の筋肉がきちんと働かず、膣締めなどのトレーニングをしても効果が出ないから**。外側の筋肉をオフにすることができるようになって初めて、膣を締めることに取り組むことができるんです。

筋膜は全身に巡っていますが、このメソッドではポイントを厳選。中殿筋、腸腰筋、腹斜筋、脊柱起立筋、外側広筋、腹直筋、小胸筋という、姿勢を正しく保つための肩甲骨、股関節、骨盤の可動域を広げるのに欠かせない7つの筋肉をほぐしていきます。

　ほぐす時のポイントは、**しっかり圧をかけながら押し伸ばすこと**。筋膜は深層にあるので、表面だけさすってもダメ。ボールを使ってコリ固まったポイントを狙い、自重で圧をかけていきます。イメージに近いのは、ピザ生地を伸ばす時のあの感じ。グッと圧迫して絡まった筋膜をほぐし、その状態でいろいろな方向にじわ〜っと伸ばしていくんです。

　膣が締まらない人はカラダがガチガチに固まっている場合が多いので、最初はかなり痛みを感じるはず。とはいえ、痛みが強い部分は、それだけ癒着して動かなくなっている可能性があるので、**よりじっくりほぐす必要があります**。きちんとほぐせば、表面がふわふわの感触になって軸が通りやすくなるので正しい姿勢を保て、ジムに通わなくてもボディラインがキープできるようになるのです。縮まっていたカラダが伸びて、可動域が広がって代謝もアップ。ほぐしだけで何キロも痩せる人もいます。コリもとれるので、痛みに耐える価値はあります！

YumiCoreBody method

ほぐしの基本

自重で圧をかける

深部にある筋膜をほぐすには、強めに圧をかける必要が。自分の体重をボールに乗せることで、ピンポイントでしっかりと圧迫することができます。

圧をかけた状態で伸ばす

圧をかけたままカラダを動かしてストレッチすることで、固く縮んだ筋膜を伸ばすことが可能に。一方向ではなく、斜めや横など多方向に伸ばすのがコツです。

リラックスする

息をとめるとカラダに力が入って硬くなってしまうので注意。痛くても呼吸をとめず、リラックスした状態で行うこと。ゆっくり息を吐きながらほぐします。

使用するボール

Hoggsy（ホグッシー）
白い面がやわらかめ、青い面が硬めになっている。ほぐす場所や状態に合わせて使用する面を変える。

私がオリジナルで開発したHoggsy。絶妙なサイズ感と硬さ、筋にしっかりと入り込むように作りました。Amazonで発売中です。（定価4,980円）

または…
テニスボールでも可
程よく圧力をかけられる、適度な硬さとサイズ感が◎。

CHECK

ほぐれているかチェックしてみよう

1 圧をかけると痛みを感じる

筋膜が癒着しているポイントを的確に狙えているということ。逆に痛みがない場合、ボールを置く場所が違っていたり圧が足りていないので要注意。

2 パツッとした張り感が解消

前ももなど、筋肉が優位に働いて負荷がかかりやすい場所は固くなって張っているもの。しっかり伸ばすことで張りが解消され、しなやかな状態に。

3 ふわふわに柔らかくなる

張り感がなくなってきた状態でさらにほぐすと、マシュマロのようにふわふわに。ここまでいくのが“本当のほぐし”。この状態を目指しましょう。

ほぐす時、ココに注意!

ボールを当てる位置は正確に

圧をかける位置がズレていると、ほぐしの効果は出ません。また、ポイントによっては神経が刺激され、しびれなどの症状が出てしまうこともあるので注意。

骨の上にはボールを置かない

鎖骨や肋骨など、比較的細めの骨に強い圧がかかると、ヒビが入ったり折れてしまう恐れアリ。骨の上ではなく、筋肉に当てるように意識すること。

そり腰にならないように

腰が反った状態では筋膜にしっかりとボールが当たらず、圧が弱くなってしまいます。張らせた筋にボールを当てることが大切!

痛すぎるポイントは中断を

無理のない強さでほぐしても効果が出ないので、ある程度の痛みは必要。ただしカラダがこわばるほど痛い場合、逆にアウターが働いてしまうので中断を。

長くやりすぎるのも✕

しっかりほぐしたいからといって、長くやりすぎるのはNG。筋膜を傷めてしまったり、しびれが出てしまう場合も。1カ所につき90秒〜2分間が目安です。

中殿筋ほぐし

骨盤横にある中殿筋は、お尻と一緒に働く筋肉。デスクワークが多い人やそり腰の人は血行不良で中殿筋がこりやすく、股関節が固まり内またに。

左右各 90 sec

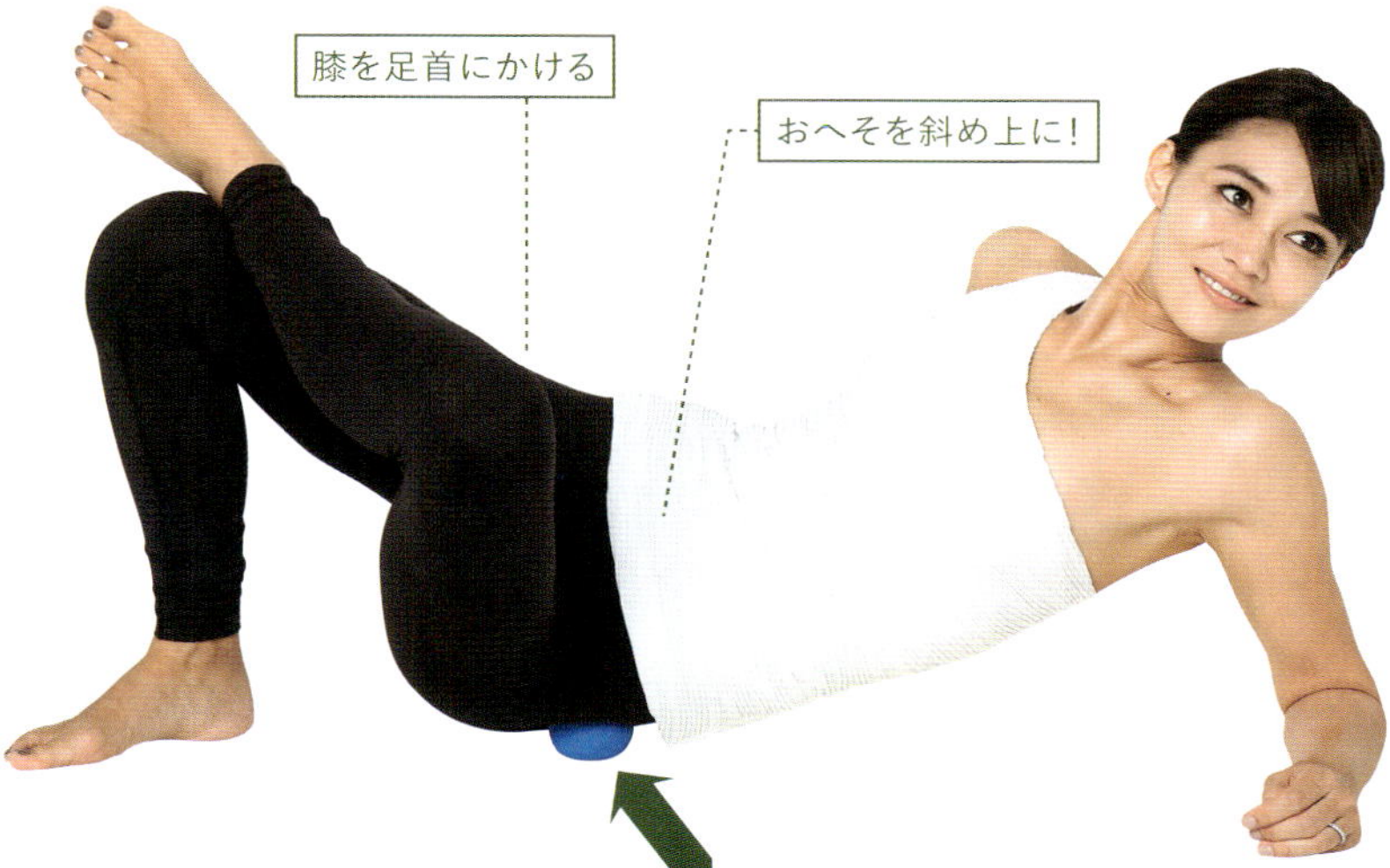

How to

股関節を外に開き
骨盤横に圧をかける

骨盤の真横のポイントにボールを置き、自重で圧をかける。ボールがある側の足先を反対の膝に乗せ、股関節をストレッチさせながら行うとさらに圧が強化。反対側も同様に。

腸腰筋ほぐし

前ももと腰をつないで姿勢を支える筋肉。座りっぱなしでいることでタイトになりやすく、縮んだまま立つとそり腰に。腰痛改善にも効果があります。

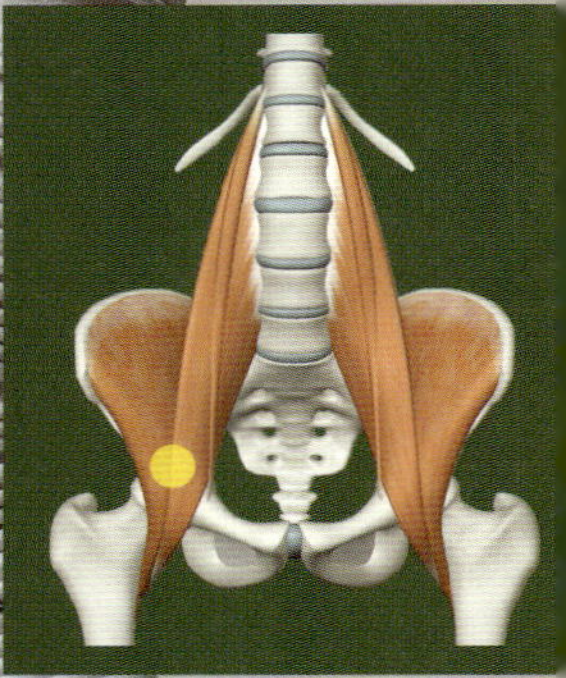

左右各 90 sec

肛門を下に向けて!
ボールがある側に重心を

How to

そけい部よりやや上に ボールで圧をかける

右の骨盤からボール1個分内側でパンツのラインより少し上にあるポイントにボールを置き、うつ伏せに。左脚を曲げ、肛門を下に向けるように骨盤を丸めて圧をかける。

下半身を斜めにずらして 圧を強める

腰を沈めてグーッと押し潰しながらカラダをゆっくり斜めにずらし、縮んだ筋肉を伸ばしていく。反対側も同様に行う。

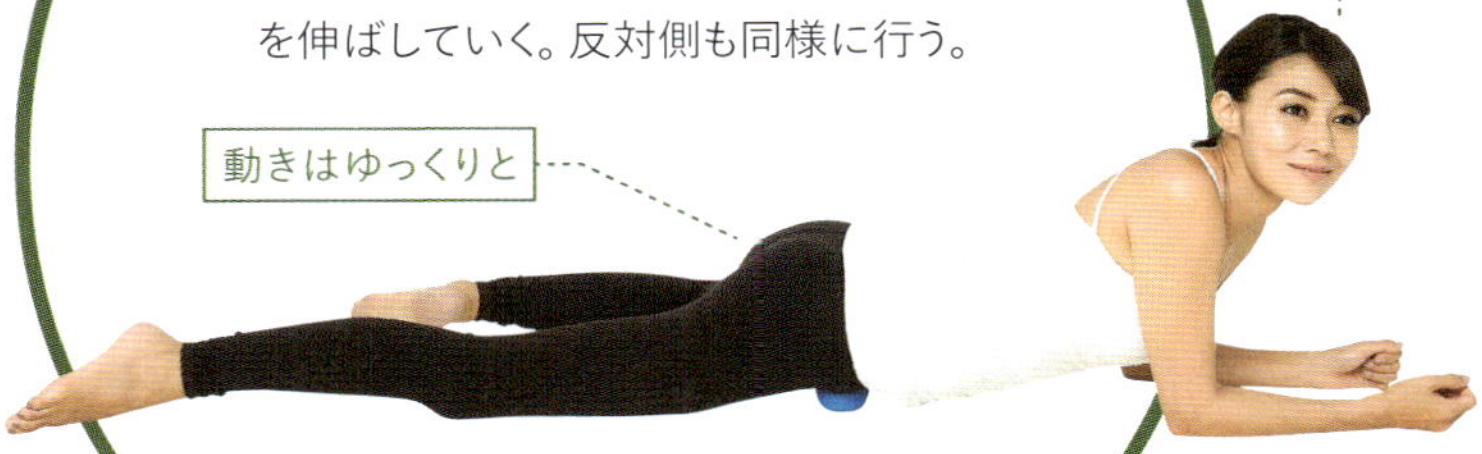
呼吸をとめずに!
動きはゆっくりと

腹斜筋ほぐし

骨盤を覆う腹斜筋は、カラダをひねる時に使う筋肉。日常ではあまり使われず固まって縮んでいますが、ほぐすことで呼吸がしやすくなり、くびれもアップ。

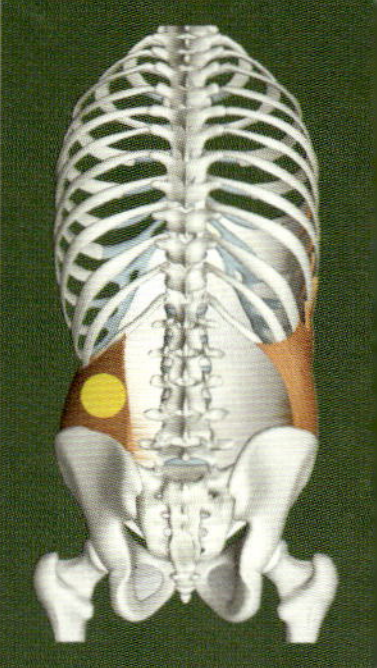

左右各 90 sec

膝をしっかり胸に寄せて
お尻を浮かせる
重心はボールがある側に

How to

骨盤の上の位置にボールを置き 腸骨に沿って動かす

骨盤の上の位置にボールを置き、仰向けに。両脚を曲げ、骨盤を丸めながら膝を胸に寄せて圧をかける。ボールを押したまま、骨盤の腸骨に沿うように左右にボールを滑らせる。

膝の上に足をかけて 圧をさらに強化!

右膝の上に左足をかけることで、ボールにかかる圧が高まりほぐし効果がアップ。反対側も同様に行って。

右足は浮かせたまま
肛門を上に向けて

脊柱起立筋ほぐし

背骨に沿ってついている脊柱起立筋は、腰から首にかけて背筋を支える働きが。骨盤に近い部分が固まりやすく、背筋が縮む原因に。

左右各 **90** sec

膝をしっかり胸に寄せて
肛門を上に!
縦に動かす

How to

背骨沿いにボールを置き
前後左右にカラダを揺らす

骨盤の高さで背骨のすぐ石横にあるポイントにボールを置き、仰向けの状態で左膝を抱えて体重を乗せる。圧をかけたまま、前後左右に骨盤を揺らしてほぐす。反対も同様に。

外側広筋ほぐし

股関節が内向きで固まっている人は、太もも前部にある外側広筋が外に張りがち。しっかりほぐすことで股関節の可動域が広がります。

外側広筋 ほぐし

左右各 90 sec

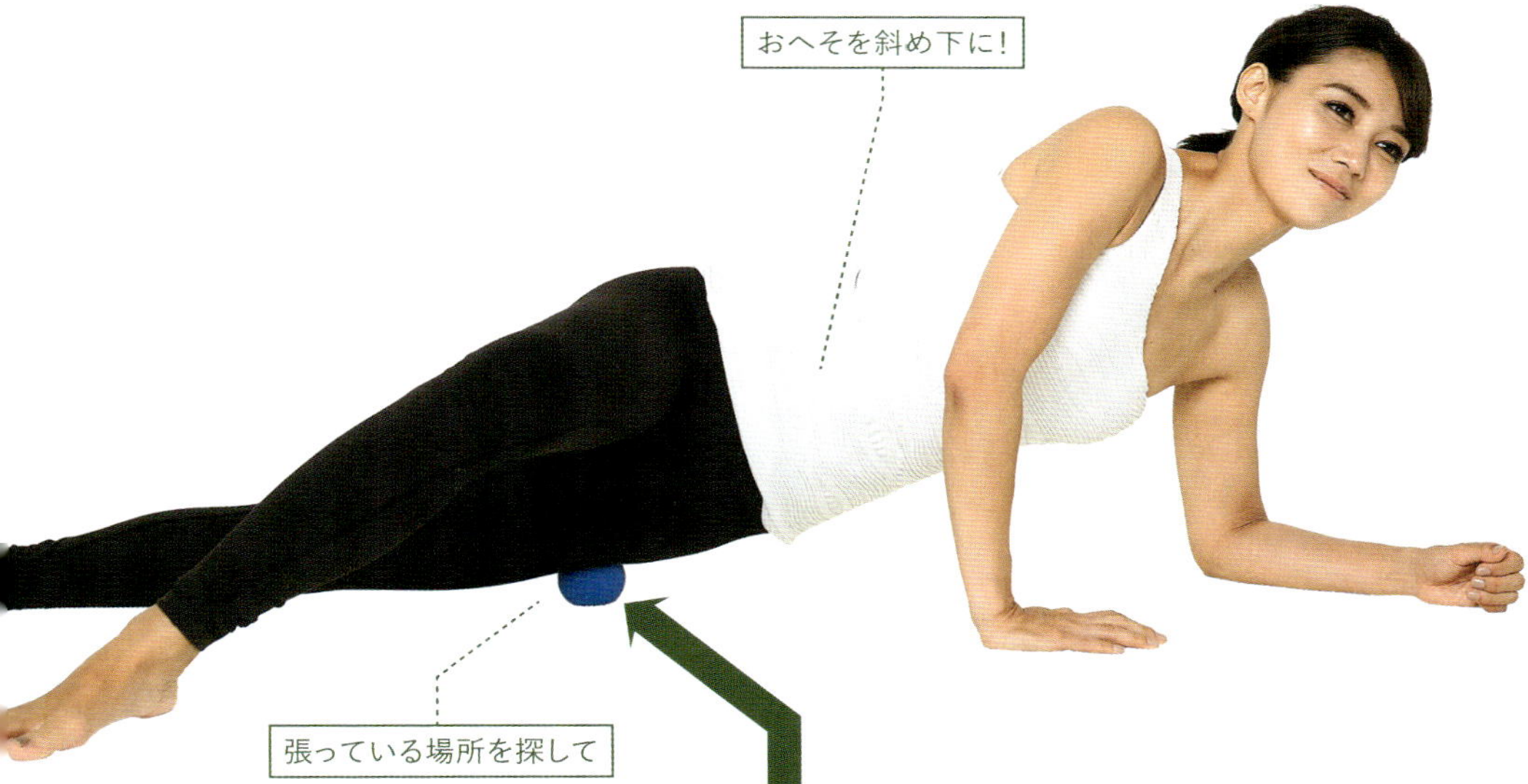

How to

骨盤下にボールを置き 圧をかけて上下に動かす

骨盤からボール1個下のポイントにボールを当て、横向きに沈んで体重をかける。上の脚を斜め前に出してカラダを下に傾け、コリを押し潰しながら上下に動かす。反対側も同様に。

腹直筋ほぐし

肋骨の下にある腹直筋は、日常の動作でも働くので固まりやすい筋肉。腹部が縮んでインナーマッスルが働かなくなるので、ほぐしが必須に。

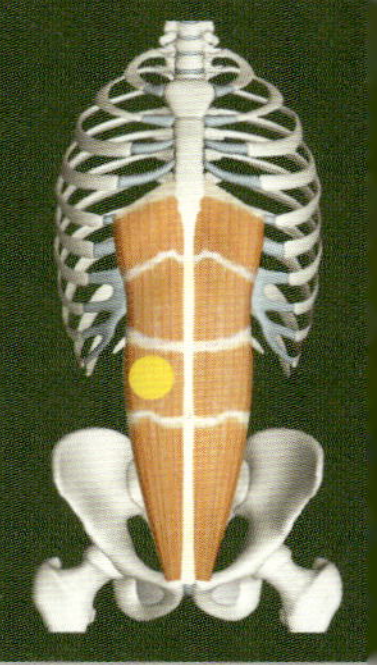

左右各 90 sec

ボールを置いている側と
反対の脚を上げてもよい
膝を曲げて腰を沈める
胸を開いて!

How to

胸を開いた状態で
肋骨下に圧をかける

おへその右横にボールを置き、自重で圧をかける。胸を開き、腹直筋をストレッチした状態で当てるのがポイント。動くとかなり痛いので、当てるだけでOK。反対側も同様に。

小胸筋ほぐし

巻き肩改善に有効なのが、鎖骨下のくぼみの横にある小胸筋。肩甲骨につながる筋肉で、ほぐすことで背中が寄せられるようになり、猫背も解消。

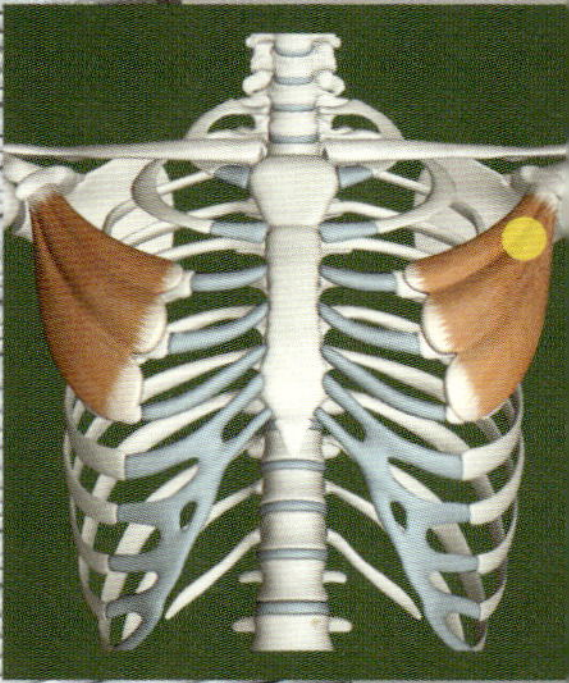

左右各90sec

肩を後ろに引く
骨の上に置かない！

How to

上肢に体重をかけて 鎖骨下のくぼみを圧迫

鎖骨下のくぼみ横のでっぱりの丸い骨があるところの少し下にボールを置く。腰を浮かして上肢を沈め、お尻を動かしながら圧をかけて。この時、肩を後ろに引くと筋が張ってボールが当たりやすくなる。反対側も同様に。

腕を肩の横で直角に曲げる
脚をやや前に出す

上から見るとこんな感じ 足と手の位置に注意

ボールを置いた側の腕を直角に曲げ、筋肉をストレッチさせながら行って。反対側の脚を少し前に出すと圧がアップ。

COLUMN 02

正しい姿勢に必要な足裏の重心を整える

骨盤を床と垂直にして立つ時に重要なのが、後ろ重心にすること。親指と人差し指の間の延長上で、くるぶしの下にあたる場所からインナーマッスルにつながる筋が出ているので、そこに重心を持ってくると骨盤底筋を引き上げやすくなります。ただし、土踏まずがない人は重心をとりづらい可能性が。しっかり踏ん張ることができないため、膣が締まらずに外ももなどに負荷がかかり、外側に張りやすい足になってしまうのです。

扁平足を解消するには、足裏のほぐしが有効に。ボールに体重を乗せて足裏全体でコロコロ転がすことで筋膜をリリースして。足のアーチが整い、重心がとりやすくなります。

PART 3

どんな時も 締められるカラダになる ストレッチ

立位で締められるカラダにならなければ意味がない

6つの筋肉をほぐした状態で、**〝誰でも膣が締まっちゃうポーズ〟**（P34）をやってみましょう。ほぐす前は締まっているのかわからなかった人も、膣がグーッと引き上がる感じがするはず。でも、そのまま立ってみてください。膣は締まった状態ですか？ 私が指定した寝転んだり立て膝のポーズでは身体の力が抜け、骨盤が床と垂直の状態に保ちやすくなります。しかしポーズを解除して立ち上がると、骨盤が垂直でなくなってしまうんです。

寝ても立っても**〝いつでも膣を締められる、軸が通ったカラダ〟**、それこそがここでの狙いです。そのときに意識するのが、「膣をつむじまで引き上げる」こと。立位の姿勢では、お腹の位置くらいで止まってしまうはずです。

膣をつむじまで引き上げる**カギを握るのが※上肢**。「膣を締めるのに上肢？」

と意外に思うかもしれませんが、上肢の状態が悪いと骨盤をはじめカラダ全体に大きな影響を与えます。もちろんそり腰になっていないことが大前提ですが、そのうえで上半身が正しいポジションでなければ絶対につむじまで引き上がらないんです。

上肢を整えるのにもっとも効果的なのが**「エロンゲーション」**です。簡単に言うと**「カラダに軸を通す」**ということ。つまり、インナーマッスルの中の※多裂筋を働かせるのです。背骨の関節の間隔を開けてグーッと上に引き伸ばし、カラダが吊り下げられたような状態にすることを意味します。エロンゲーションするにはいくつかのポイントがあり、それらを意識することで膣からつむじまで1本スペシャルな軸が通って姿勢がすごく安定します。手足も軽く感じられるでしょう。

重要なのは、伸ばすこと。潰れたカラダでは、膣は締まりません。エロンゲーションして伸びたカラダなら、膣が自然に締まります。アウターマッスルで縮んだお腹をほぐし、エロンゲーションによって体軸を通す。このプロセスを守ることでインナーマッスルがさらに働き、一気にカラダが変わります！

※上肢とは …… 肩甲骨、鎖骨を含む上腕、前腕、手のこと。

※多裂筋とは …… 脊柱の後方を支持する脊柱起立筋のひとつで棘突起のすぐ両側に位置する筋長の短い筋肉。

YumiCoreBody method

膣の引き上げに必要なのが

Yumico's エロンゲーション

Yumico式エロンゲーションを習得できれば、姿勢が安定してしっかりと膣を引き上げることが可能です。ただし、誤ったやり方で行うと、逆に姿勢が歪んでしまう場合も。次の5点を意識しながら、実際に挑戦してみましょう。

1 骨盤を立ててニュートラルに

骨盤が前傾していると、軸が歪んでしまいエロンゲーションできません。骨盤を押さえた時に手が床と垂直になっていれば、ニュートラルポジションになっているということ。

2 肋骨を開かず鎖骨を開く

鎖骨の間にウルトラマンのようなライトがあるとイメージし、そのライトで前方を照らすように鎖骨を開きます。この時、背中を反らして胸を張ると肋骨が開いてしまうのでNG。肋骨は開かず、鎖骨を開く。

NG

3 肩甲骨を寄せて下げる

猫背の人は、肩や首が前に出た巻き肩の状態で固まっています。肩甲骨を寄せてからグッと下げることで、巻き肩が解消。鎖骨がさらに開くようになるうえ、肋骨も大きく開閉して呼吸が深くできるように。首や骨盤の位置も安定します。

4 骨の隙間を開き背筋を引き伸ばす

背骨の関節と関節の隙間をひとつずつ開けて仙骨を引き上げていくイメージで伸ばしていきます。多裂筋という背骨のインナーマッスルが働き、背面の筋肉が伸びて、カラダも垂直に伸び、軸の意識もできます。

5 吊られる感覚で頭頂部を伸ばす

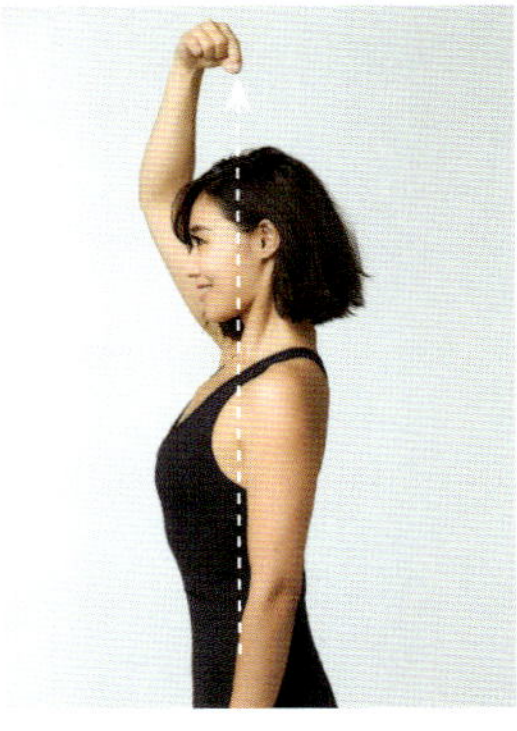

あごを引いて首位置を後ろに引いたら、首の後ろを伸ばします。頭頂部から吊り下げられているイメージで長く伸ばしていくと、一直線に軸が通る感じがするはず。この軸の感覚があれば、正しくエロンゲーションできているということ。

立って膣を締めるカラダになるため しなやかな胸椎をつくる

正しくエロンゲーションできるようになると、**姿勢が安定して膣が自然に締められるようになります。**私自身もエロンゲーションで上肢を意識するようになってから、さらにカラダに変化が起きました。首が長くなって顔も小さく、くびれも増し、めちゃめちゃ健康に。体軸を通すだけでさまざまな効果が得られることを実感しました。

ただし、何も意識せずにいきなりエロンゲーションしても、99%の人は正しい動きができていないんです。特に難しいのは、**鎖骨を開く時は肋骨が開かないように肩甲骨を軽く寄せて下げること**。正しく動かせない理由でもっとも大きい要因は胸椎の状態です。最近はスマホやパソコンによって猫背になる傾向があり、ほとんどの人は胸椎が丸まって硬くなっています。猫背をかばい、姿勢をよく見せようとするために肋骨を開いて腰を反らせます。それがそり腰を生み出しているとも言えます。また、頚椎も胸椎とつながっているので、バランスをとるために首が前に出る姿勢になり、顔が大きくなったり、首が短くなったりします。エロンゲーションするためにも、健やかなカラダでい

硬い胸椎のままではエロンゲーションできない。ストレッチと胸式呼吸の組み合わせでしなやかな胸椎がつくれれば、立った姿勢で膣が締まる状態になる。

るためにも、**硬くなった胸椎をしなやかにして動きやすくする必要があるんです**。

胸式呼吸で胸椎を緩める

胸椎を緩める方法のひとつが胸式呼吸です。胸椎は骨が縦に連なっているのですが、この骨と骨の間が固く詰まっていることが動きにくさの原因です。胸椎がしなやかな人は深い呼吸ができるということ。**大きく肋骨が動くことでくびれが強化され、深い呼吸で代謝もアップ**。エロンゲーションしながら呼吸することで、巡りもさらによくなります。

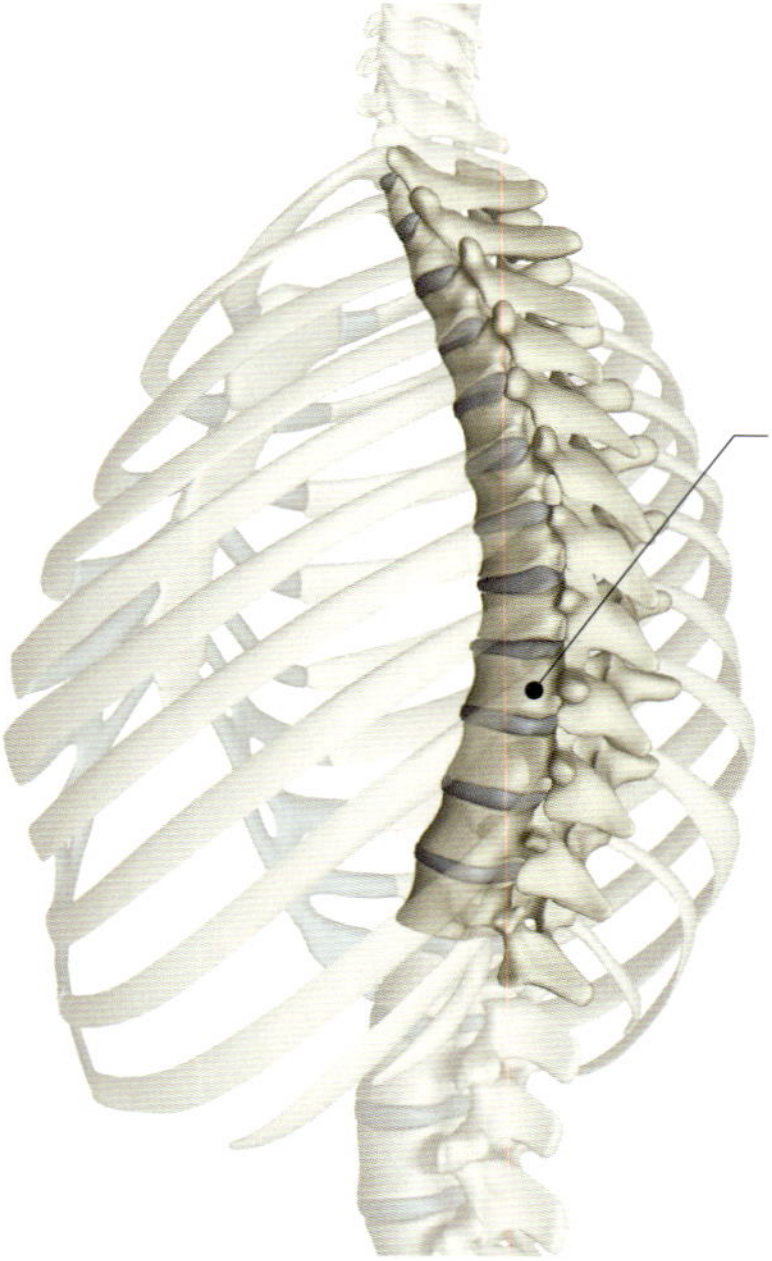

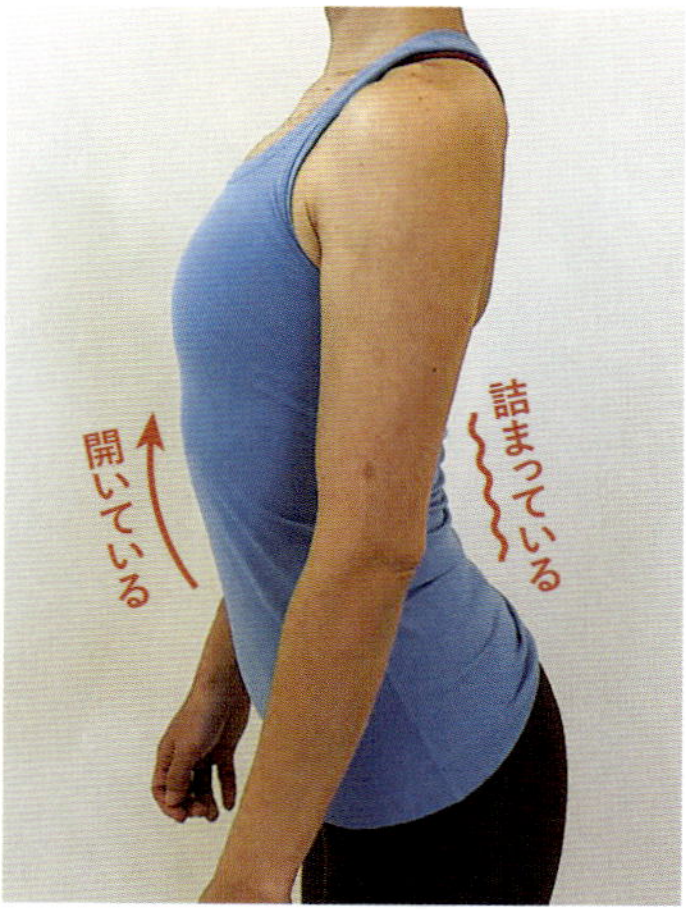

猫背の人がごまかそうとして胸椎で反って、肋骨が出てきてしまっている。猫背共同型のそり腰。女性に最も多い例。

また、上肢を動かすストレッチ（P74〜）にも**胸椎の可動域を広げる効果**があります。背骨には左右に微量に揺らすだけでも緩む性質があるため、日常では動かすことが少ない胸椎をストレッチで回旋させることで、骨の間に隙間が生まれてしなやかになっていくのです。その際に**頭と骨盤を固定します**が、これが胸椎をしっかり回旋させるコツです。

首の位置は、姿勢のすべてを司ると言ってもいいほど重要なポイント。その**首と腰がしっかり安定して軸が保たれる**ことで、締められるカラダを1日中意識できるようになります。

インナーマッスルがカラダと日常生活を変える！

ダイエットやボディメイクを思い浮かべたとき、トレーニングを連想する人は多いですよね。そのトレーニングの多くは、アウターマッスルをメインと筋トレです。たしかに激しく体を動かせば“やった感”は得られますが、外側から鍛えたカラダは、ガチガチに固まって大きくなるばかり。この状態を変えていくのは、鍛えていないカラダを変えるよりも実は難しいものです。

一方、インナーマッスルを使う私のメソッドは、動き自体はとても地味。でも実際にやってみると、筋トレの何十倍もキツいと感じるはずです。私のパーソナルトレーニングには多くの女優さんも通っていますが、美意識の高い彼女たちもインナーマッスルの重要性に気づき始めています。今までアウターばかり鍛えてきたけれど、インナーを使うことの難しさに皆驚きます。そして、その難しさを乗り越えて膣（会陰部）を意識でき、下から上に押し上げられるようになると、筋トレとはまったく異なる感覚と効果、明らかに違うボディラインの変化を実感されています。カラダの不調がとれ、肩まわりや脚が華奢になり、顔が小さくなったなどとの声もいただきました。

実際のところ、日常生活ではアウターマッスルはさほど必要なく、インナーマッスルが働いていれば十分に健康と美ボディを保てます。実際に私はトレーニングせずカラダを保っていますし、どれだけ歩いても足が軽く、しっかり食べても朝になればくびれている——。毎日が楽しく、幸せです。インナーマッスルが叶えるこの感覚を、ぜひ皆さんも体感してみてください。

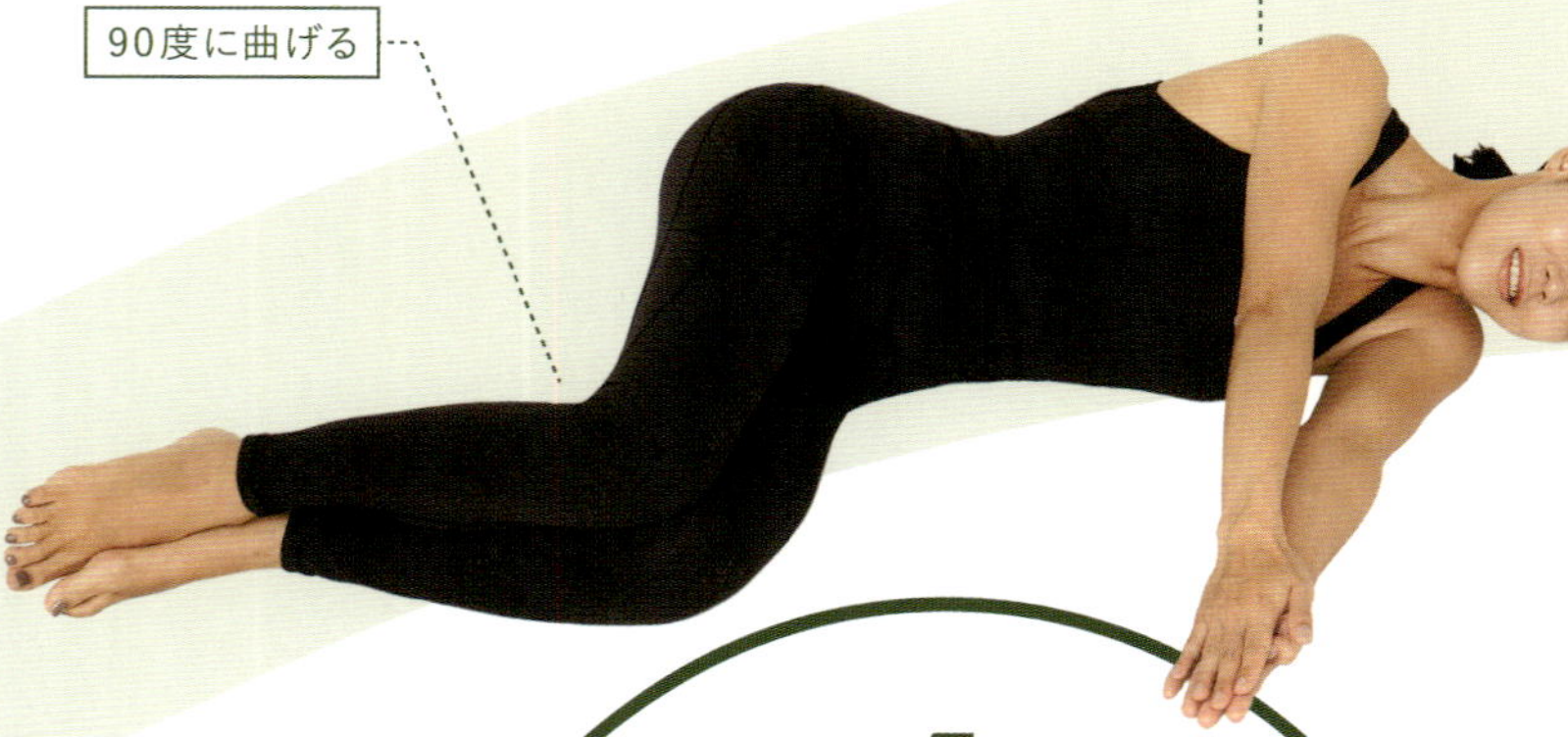

1

横向きになり
両腕を揃えて伸ばす

横向きになって両膝を90度に曲げ、腕を伸ばして手を合わせる。膝をズラさない。

腕の開閉ストレッチ

肩甲骨を動かして上肢を大きく開閉し、胸椎を回旋させるストレッチ。胸椎の関節が緩んで可動域が広がり、背中や呼吸もラクになります。

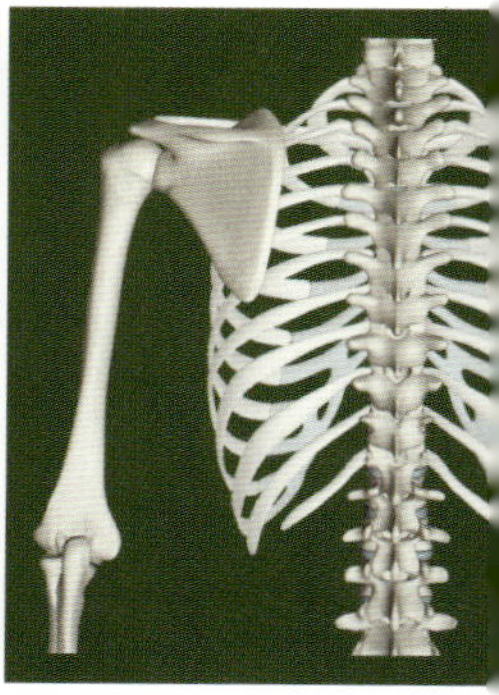

左右各5回ずつ

2

上半身をゆっくり開き腕を垂直に立てる

腕が床と垂直になるまで上半身を開く。肩からではなく、肩甲骨から腕が生えているとイメージして。この時、頭と骨盤の位置を動かさないように注意。

肩甲骨から腕を動かすことを意識して

3

肩甲骨を寄せながら腕を床につける

開いている方の肩甲骨を背骨に寄せることを意識しながら、鎖骨を開いて腕が床につくまでゆっくり回旋させる。反対側も同様に。

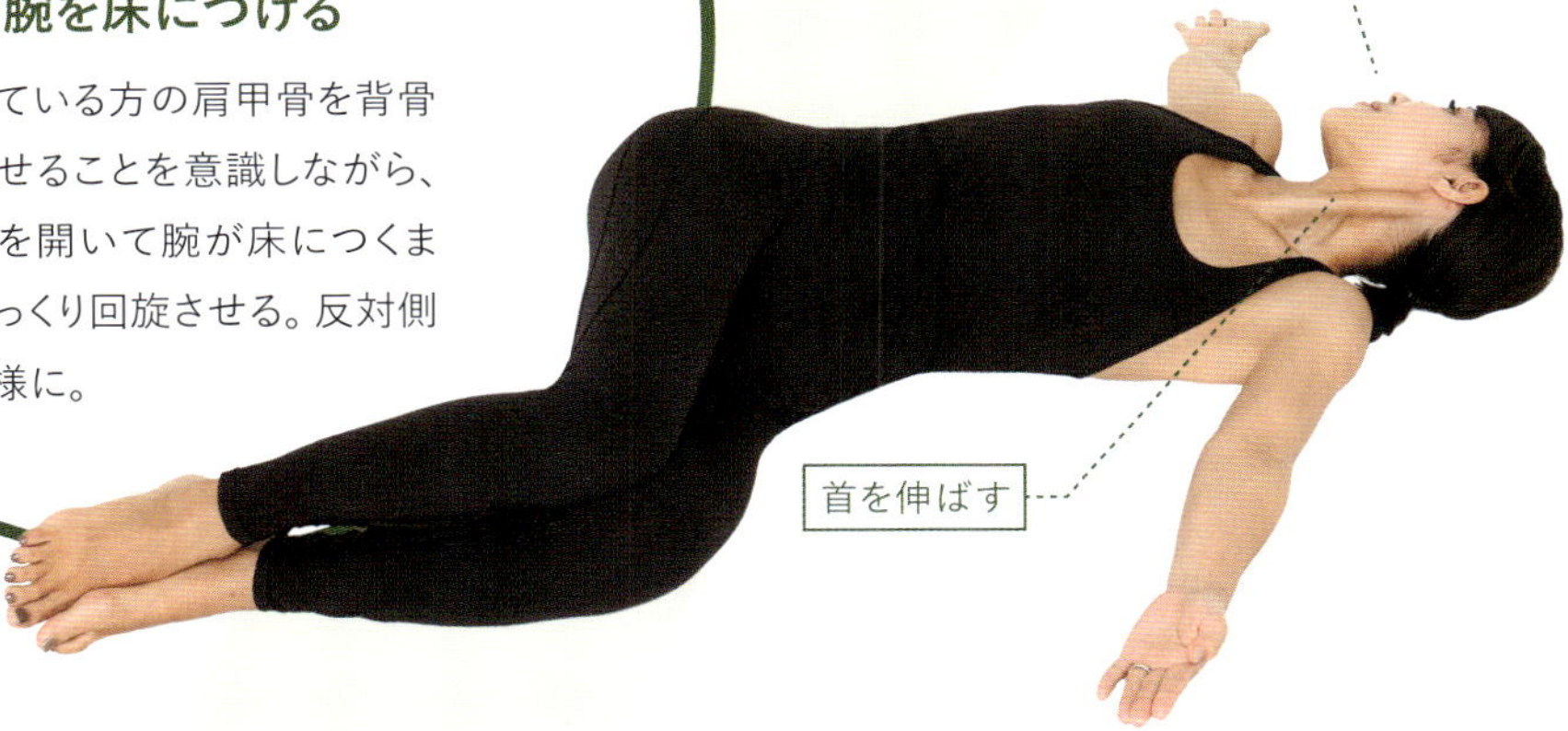
呼吸をとめない
首を伸ばす

1

首の後ろを伸ばして
両手両膝をつく

両膝が骨盤と同じ幅になるように、右手は肩の下にくるようにつく。左手は右手側に少し寄せた位置について。そり腰にならないように意識し、首の後ろをグーッと長く伸ばす。

四つ這いストレッチ

背骨を軸にして、肋骨を回旋させるストレッチ。骨盤を固定した状態で肋骨を動かすことで、詰まった胸椎に隙間が生まれてしなやかに。

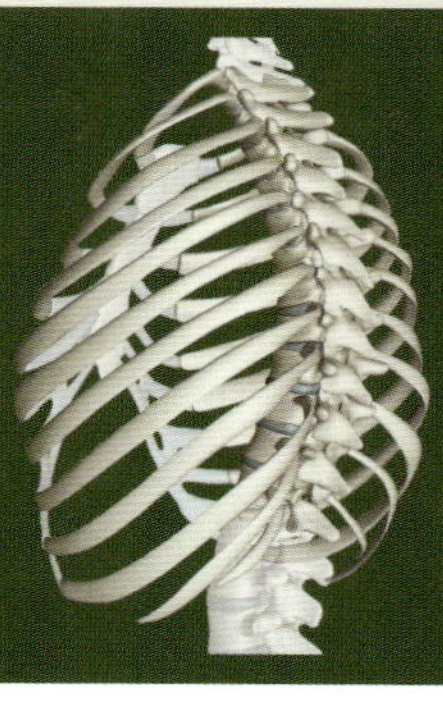

左右各5回ずつ

2

上げている方の肩甲骨を背骨に寄せて上半身を回旋させる

左手を床から離して耳の後ろに当て、上げている方の肩甲骨を背骨に寄せながら上半身を開く。骨盤を動かさず、首と背筋を伸ばしたまま回旋することが大切! 深い呼吸で行う。反対側も同様に。

ここで一度、膣を締めてみましょう

ストレッチまでできたら、立った状態で再び膣を締めてみましょう。膣を引き上げることができたはずです。それが可能になったのは、**骨盤がニュートラルポジションになることでエロンゲーションができる**ようになったからです。

ここまでのプロセスは、**〝締められるカラダ〟**になるには欠かせないもの。インナーマッスルを働かせるために固まった筋膜をほぐし、そり腰になっている骨盤位置を調整。さらに胸椎をストレッチして動きやすくしてから、エロンゲーションで軸を通す。……そう、膣を締めるのって大変なことなんです。

膣を締められるようになったら、次は緩めることをしなくてはいけません。というのも、**膣は緩みっぱなしでもダメだし、締め続けてもダメ**。締めたり緩ませたりする動きで膣をほぐして、しなやかな状態にすることが大事なんです。

膣の柔軟性を養うのにまず必要なのは**腹式呼吸**。腹式呼吸は膣の引き上げを意識するのに最適な呼吸法です。**息を吸う時に膣を緩めて、吐く時に締める**というコントロールすることで、しなやかなインナーマッスルを育てることができるのです。

人間は1日2万回呼吸をするため、それに合わせて膣を動かせば相当なトレーニング量になります。まず**鼻から息を吸って下腹を膨らませたら、口から息を吐きながら横隔膜につけるように膣を引き上げます**。息を吸って膣を緩め吐いて引き上げる、を繰り返しましょう。

腹式呼吸を繰り返した後、今度はお腹に力を入れず、膣を引き上げた状態で肋骨を大きく開き、胸式呼吸をしながらさらに膣を引き上げてみましょう。**横隔膜の動きと合わせた胸式呼吸**を行うことで、さらにくびれができます。

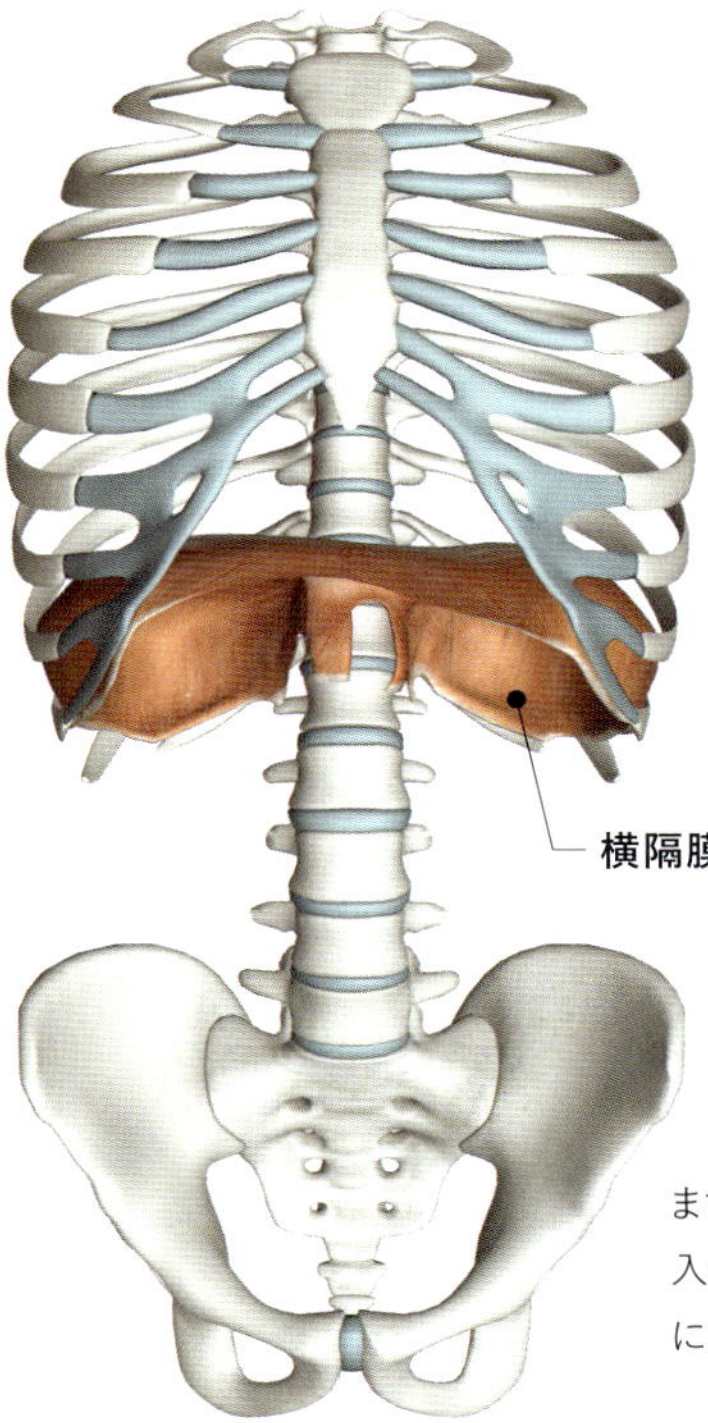

まずは腹式呼吸から。それから腹直筋に力を入れないように気をつけて胸式呼吸に。お腹に力が入ってしまうなら、腹式呼吸に戻して。

COLUMN 03

ボールを使った「ながらほぐし」

メソッドの中では床に寝そべって行うほぐしを教えていますが、実際は座った状態でもOK。背もたれや座面との間にボールを置き、体重をかけながらカラダの気になる場所をほぐしていきましょう。なるべく硬い場所にボールを置きます。

ボールは持ち運びが簡単なので、バッグに入れておけば、オフィスでも移動中でも、シーンを選ばず手軽にほぐすことが可能。私もお風呂タイムや飛行機の中、映画を見る時など、しょっちゅう〝ながらほぐし〟を実践しています。

姿勢やカラダのクセは日々積み重なっていくので、ほぐしも日常的な習慣にするのがおすすめ。普段からほぐしておくことで歪みにくくなり、肩コリや腰痛もラクになりますよ。

PART 4

24時間 締まってとまらない 膣ウォーク

引き上げた膣を形状記憶させる

立位での膣締めをマスターしたことで、いつでも〝締められるカラダ〟がついに実現します。ちなみに、最初のほうで膣と肛門を同時に締めてはいけないとお話ししましたが、この段階であれば膣をきちんと引き上げることができているので**同時に締めてOK**です。実は膣と肛門の中間（会陰）の延長上に骨盤底筋群の頂点があるため、同時に締めると**10倍くらいの強さで骨盤底筋を働かせることができるんです**。ただし、お尻のアウターマッスルはかなり強力なので、膣と肛門の力の割合を**8：2くらいに調整する必要**があります。

膣を引き上げるときにカラダの軸を意識しますが、このとき会陰からつむじに向かって軸が通っているイメージを持つことです。つむじまで膣を形状記憶させると、24時間365日意識しなくても勝手に**〝締まっちゃうカラダ〟**になります。

　そのためのトレーニング方法が、膣を締めながら歩く**〝膣ウォーク〟**です。膣をグーッとつむじまで引き上げ、胸（横隔膜）から脚が生えているとイメージすることがポイントで、脚を上げるだけで膣が連動して締まるように、カラダに形状記憶させていきます。これができるようになると、どれだけ歩いても脚は軽いまま。まるで脚がなくなっちゃったかのように感じるほどです（笑）。

　しっかりエロンゲーションした状態で膣をつむじまで引き上げて歩くと、お尻の筋肉と前ももの働きが10：0の割合になります。普段パンパンに張りがちな前ももが全然張らず、勝手にお尻が鍛えられていきます。

　膣ウォークを実際に試した人は、**まったく疲れることなく脚を上げられる**ことに驚きます。歩くことや階段を上ることが楽しくなって、「思わず階段を探しちゃうんです」という人も（笑）。とにかく普通に歩いているだけで、勝手にどんどんカラダが締まっていくのが膣ウォークのスゴいところ。私も腰回りのお肉がなくなって、お尻がキュッと上がりました。そんな、美尻も美脚も思いのままの**〝膣で歩く世界〟**に、一歩踏み出してみましょう！

YumiCoreBody method

締まりっぱなしの膣ウォーク

正しい膣ウォークをマスターするには
段階を踏む必要があります。
まずは立位で膣を締める初級編からスタート!

膣ウォークの目的は、脚と膣の動きをカラダに形状記憶させること。ただし、最初から脚と膣を同時に動かすと、意識するポイントが多くて混乱しがち。脚を動かす前に「初級編」で膣が締まるポーズを記憶させましょう。

ここで重要になるのが、大腿骨の外側にある大転子。脚の付け根の出っ張った骨のことを指します。大転子に力を入れて外旋し内ももを外側にねじると、骨盤が勝手に床と垂直になります。

その状態で、蝶々のような骨の腸骨をお尻の上の仙骨に寄せていくと、オートマチックに骨盤が締まっていきます。同時にエロンゲーションもしてカラダをしっかり縦に伸ばすと、自分でもビックリするくらい膣がググーッと引き上がっていく感覚が得られるはず。

ちょっと難しいかもしれませんが、大転子と仙骨を意識すること、そしてエロンゲーションで縦に伸ばすこと。これらのポイントを押さえて膣を締めるポーズに慣れたら、次のステップへ。次ページの脚の動きをプラスした「上級編」膣ウォークに挑戦してみましょう。

締まりっぱなしの膣ウォーク

Beginner 初級編

ここに膣があるイメージで

吸う時間の
倍の時間をかけて吐く

息を吐き、
伸びるとともに
膣を引き上げる

この動作を10回繰り返す

息を吸う

大転子に力を入れる

内ももを外側にねじる

締まりっぱなしの膣ウォーク Master 上級編

まず、かかとの内側に重心をのせます。
肩の力を抜き、股関節は緩め、骨盤は床と垂直に（前傾の人は後傾に）。
あごを引き、鎖骨の間のライトで前方を照らすように肋骨は開かないで。
腰は反らさず、鎖骨のライトだけ照らします。
肩甲骨を下げて、首の後ろを長く伸ばして。
鼻から息を吸って、下っ腹を膨ませます。
息を吐く時に、横隔膜と一緒にキューッと膣を吸い上げていきましょう。
タンポンを入れて、キューッと内ももから吸い上げるイメージ！
膣がおへその後ろを通り、肋骨の中を通り、肩甲骨を通り、
上げて、上げて、つむじまで上げて。

膣からつむじまでスペシャルな
1本筋が通る感じ、わかります？

てっぺんまできたら膣を緩めて息を吸って、
吐きながらもう一度キューッと上げていきます。
優しく、優しく。膣の穴をキュッと締めて、
そこからキューッと膣をおへその後ろのほうまで引き上げてきて。
そしてもっと上の胸のあたりまで引き上げたら、右脚を上げて。

胸から脚が生えてるとイメージしましょう。

この時、腕を膣に見立てて一緒に上げます。
4秒キープしたら、膣を緩めて脚を戻す。

そしてまた息を吸って、
吐きながら膣をキューッと上げて。

もっともっとつむじまで上げたら、
そこから脚が生えてると思いながらまた右脚を上げます。

4秒キープしたら、膣を緩めます。あとは、同じように3回くらい繰り返しましょう。
息を吸って、吐きながら膣をキューッと上に。胸まで上がったら、右脚を上げます。
これで何回か前後に歩く。

こうやって膣を締めながら脚を上げると、すごく軽くないですか？

次は、どこも締めずに左脚を上げてみましょう。

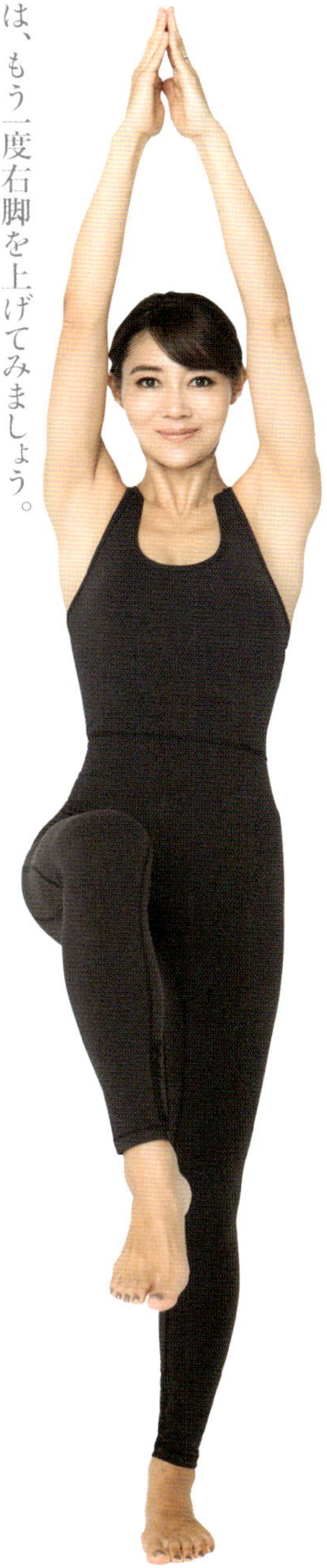

それでは、もう一度右脚を上げてみましょう。
軽くなっていることがわかりますか？

膣締めできてる？最終チェック

膣ウォークはすごく難しいので、正しくできているかわからない人が多いかもしれません。しっかり形状記憶できていれば、**脚を上げた時に軽く感じる**はずです。

また、膣ウォークで重要なのが、太もも内側にある**内転筋**。この筋肉が働いていないと膣を引き上げることができません。ちゃんと締まっているかどうかは、股関節を開いて腰をダウンした**股割りポーズ**でチェックできます。

このポーズで膣を締めた時、内転筋に力が入っていればしっかり膣が引き上がっているということです。外ももと前ももに効いてしまうようであればほぐし不足。本書の〝ほぐし（P58参照）〟に戻って外側広筋をほぐしてから、膣ウォークに再挑戦してください。

どんどんくびれる人、増加中

私のレッスンに通って、膣締めを習得し、
くびれができた人がたくさんいます。

YumiCoreBody harukaトレーナー・43歳・子ども:6歳

幼稚園から高校までは肥満体型。食に対する執着が強く、そのたびに食事制限のダイエット。そんなダイエット生活を25年間も送っていたので、太ることへの恐怖に苛まれながら結婚、出産をしました。そんななかでYumico先生に出会って人生が一変しました。ほぐしメソッドが中心のエクササイズをするとレッスン帰りにカラダの軽さや体調の良さを実感するようになり、長年苦しんでいた肩こりや腰痛、便秘も全くなくなっていきました。ある日、本当に膣が引き上がる感覚がわかってからは驚きの連続でした。意識せずに姿勢がよくなり、どんどんくびれが出てきました。そして私につきまとってきた食事制限とは無縁の、何を食べても太らない体質に変わりました。ほぐしだけは欠かさない生活で勝手に膣が締まっていられるようになり、肥満体型でダイエット人生だった私が、今ではYumiCoreBodyのトレーナーに。これまで生きてきた中で「1番のボディライン」と自信を持って言えます。

AFTER

BEFORE

AFTER

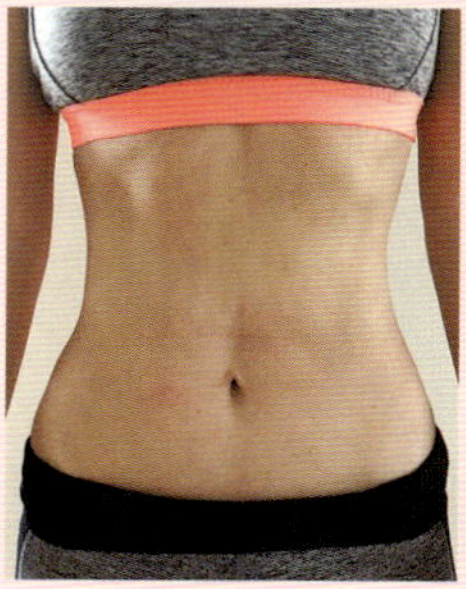

BEFORE

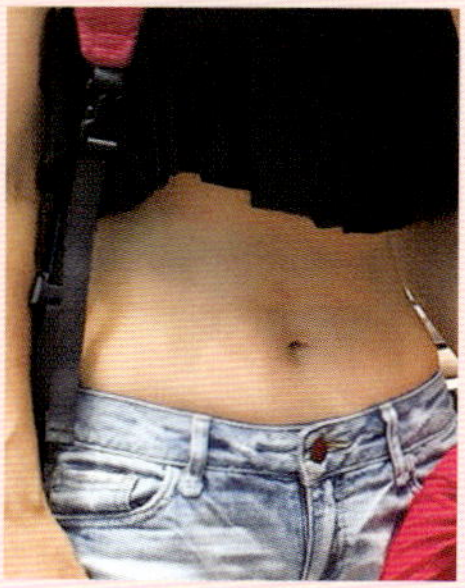

Yさん・37歳・子ども:8歳/6歳/3歳

レッスンをスタートした2ヵ月は週に1回、その後は月に1〜2回というペースでレッスンに通っていました。仕事とともに3人の子どもを育てているので、トレーニングを行うまとまった時間は取れませんでしたが、3ヵ月経って全体的にすっきりしてきたと実感し、食事をしっかり食べているのに5ヵ月経って体重はマイナス5kg。まわりからも「痩せたね!」と言われ、くびれたお腹が手に入りました。今でも欠かさず、家では毎日ほぐしとストレッチを行い、1日に何度か鏡で姿勢をチェックするように意識をしています。看護師という仕事柄、15年来の腰痛持ちで、肩こりや背中の痛みがひどく、頭痛吐き気のたびに薬を飲んでいました。現在は薬もマッサージも一切必要のないカラダを維持できています。

AFTER

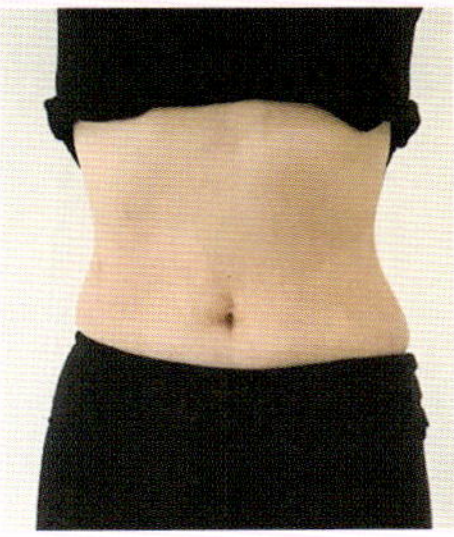

BEFORE

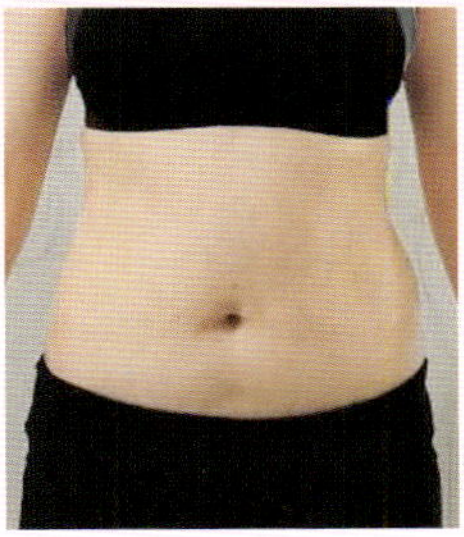

Oさん・44歳・子ども:17歳/14歳

30代まではヨガとランニングをしていてスリムなカラダでした。ところが40歳を超えてから太り始めてしまうことに。YumiCoreBodyに通い始めた当初は「腟なんてどこにあるの!?」とわからなかったのですが、ほぐしを続けていくうちに徐々に細くなってきて、腟の位置も感じるようになりました。最初に細くなったのは太もも、それからウエストについていた肉がごっそり落ちました。エロンゲーションを意識してから顔が小さくなったといわれ、肩こりも解消。バストサイズを変えることなく、自分が理想とするスタイルになりとても満足しています。夫にも「もっとこういう服も着たら」とカラダのラインがキレイに見える服を勧められたり。食事を気にすることなく、すごく無理をした意識もなくゆっくり時間をかけて変化したからこそ今後も維持できるのだと思います。ユミコアを信じてついていって良かったです。

AFTER

BEFORE

現代女性がこれからも美しく健康でいるために

女性の身体はライフサイクルのなかで、幼少期、思春期、性成熟期、更年期、そして老年期へと常に変化しています。そのなかで、女性は誰でも、常に美しく健康でありたいと願っています。容姿を美しく、若々しく保ちたいと思うため、ダイエットによる痩せ願望は、年齢を問わず誰にでもあるでしょう。

しかし、近頃、その願望のためにかえって健康を損なう女性も出てきました。特に無理な食事制限は、身体に必要な栄養を損ない、免疫力を低下させ、大切な女性ホルモンのバランスを崩すきっかけになっています。女性ホルモンのバランスは、一度崩すとなかなか元通りになりにくいものだということを、ぜひ、すべての女性に意識していただきたいと思います。

女性ホルモンは妊娠・出産のためだけに必要なのではありません。「骨盤臓器脱」という病気を耳にしたことがあるでしょうか。子宮、膀胱、直腸など、お腹の底に位置する臓器が、骨盤底筋群や骨盤底を支える腱の断裂やゆるみによって、腟とともに下垂・脱出してくる病態です。これら骨盤底筋や腱、腟の支持機能に、女性ホルモンは深く関与しているといわれています。

これまで骨盤体操といわれていた骨盤底引き締め体操が、最近いろいろと進化してきているようです。本書に紹介されています腟の引き締め体操によっても、骨盤底筋が鍛えられ、骨盤支持組織の強化につながれば、骨盤臓器脱の予防にもつながることが大いに期待されます。また、運動不足の現代女性にとって、この体操により身体のバランスを整えることができれば、無理なダイエットなどしなくても理想の身体を手にいれることが可能となり、まさに嬉しい「気づき」となるのではないでしょうか。

KISHI CLINICA FEMINA 院長

岸 郁子

慶應義塾大学医学部卒業。東京都済生会中央病院産婦人科部長を務めながら東京・銀座でKISHI CLINICA FEMINAを開業。働く女性が通いやすいようにと、平日夜間や休日にも診療を行っている。専門は婦人科腹腔鏡手術、骨盤臓器脱の手術等で、その経験を活かした目で診療を行っている。

おわりに

「骨のボディメイク」をしてしまえば体は勝手にヤセたがるのです。

私はレッスンで「正しい姿勢を3ヵ月続ければ、週1のジムトレ1年分と同じくらいカラダが変わる」と言っています。でも、姿勢を保つことは実はトレーニング以上に大変。筋肉をほぐし、インナーマッスルが作用する姿勢に整え、膣を締める。これでようやく軸が通り、正しい姿勢を保つことができます。姿勢を正すことは骨のボディメイク。骨や関節を意識してボディメイクをするんです。正しい姿勢をキープすることで骨格が変われば、筋肉のつき方も変わり、カラダは勝手に変わっていきます。一見遠回りに見えるけれど、実はこの方がよっぽど早いし、効果もずっと続く。それは、私のカラダが証明しています。

今回は膣締めが中心になっていますが、その土台となる姿勢は男女問わず、本当に大切なこと。この本を通じて、ひとりでも多くの方にその効果を体感していただけることを願っています。

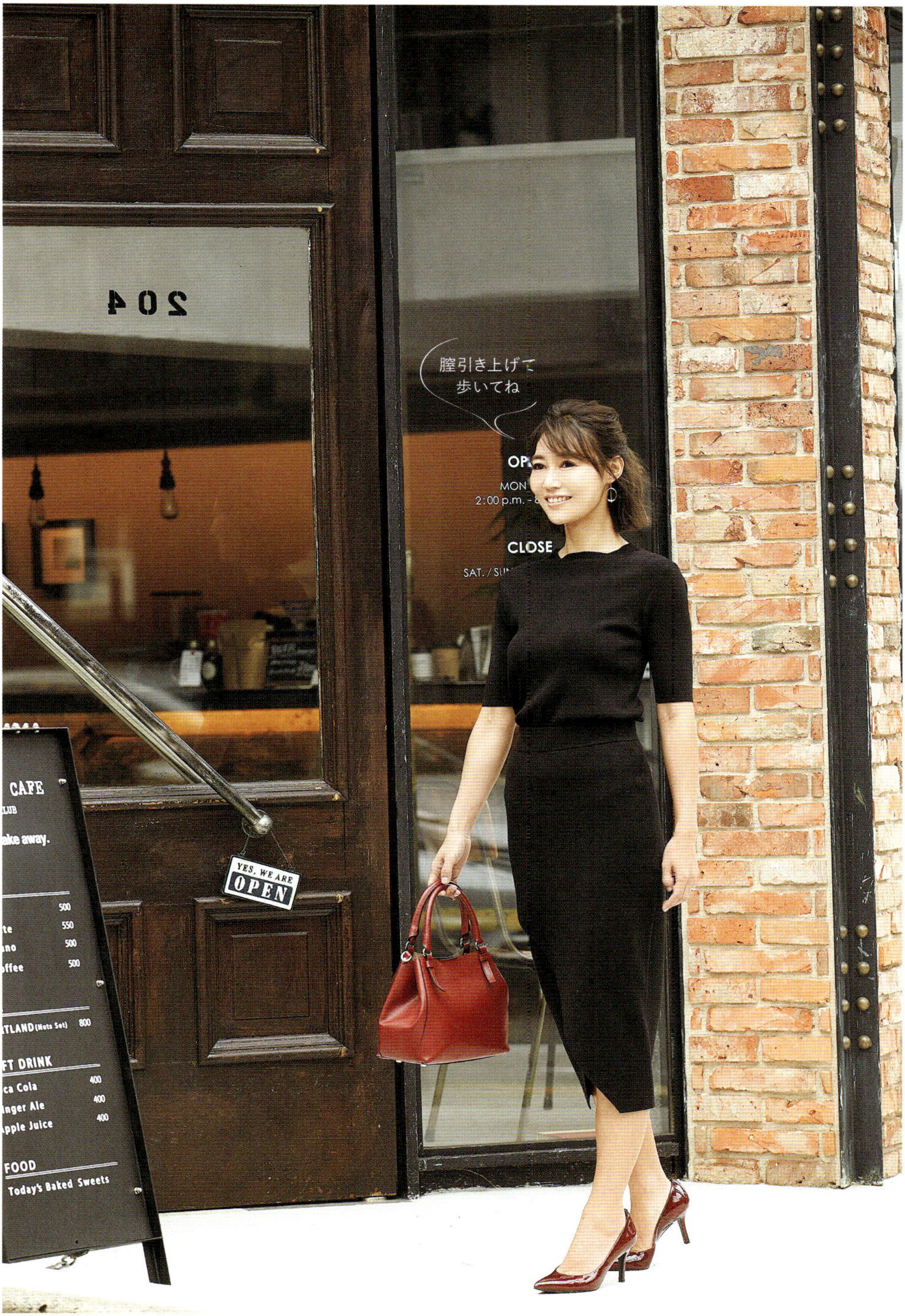
膣引き上げて
歩いてね
204
CLOSE
CAFE
YES, WE ARE
OPEN
FOOD
Today's Baked Sweets

村田友美子主宰スタジオ『Yumi Core Body』

https://coubic.com/yumicore
Instaglam @yumicorebody

体幹トレーニングを基本とした独自のボディメソッド。筋膜リリースやストレッチで身体の歪みを直し、正しい姿勢を保てるインナーマッスルをトレーニング。村田友美子が直接指導するワークショップも随時開催している。

麻布スタジオ
東京都港区麻布十番3-9-2山元ビル麻布4F

六本木スタジオ
東京都港区六本木7-18-7内海ビル4F

STAFF

装丁・本文デザイン	木村由香利
構成	真島絵麻里
イラスト	黒猫まな子 ラウンドフラット
撮影	岡部太郎 長谷川梓
スタイリスト	永岡美夏 明石幸子
ヘアメイク	沼田真実(株式会社イルミニ)
校正	深澤晴彦
マネジメント	曽志崎真衣
編集	野秋真紀子(ヴュー企画) 森 公子(ヴュー企画)
編集統括	吉本光里(ワニブックス)

衣装クレジット

イージーヨガジャパン 03-3461-6355(代表
レースアップシューズ(ダイアナ/ダイアナ 銀座本店)
パンプス(ダイアナ/ダイアナ 銀座本店)
ショルダーバッグ(ダイアナ/ダイアナ 銀座本店)

くびれと健康がとまらない!

膣締めるだけダイエット

著者 村田友美子(YumiCoreBody)

2019年1月10日 初版発行

発行者	横内正昭
編集人	青柳有紀
発行所	株式会社ワニブックス 〒150-8482 東京都渋谷区恵比寿4-4-9 えびす大黒ビル 電話 03-5449-2711(代表) 03-5449-2716(編集部) ワニブックスHP http://www.wani.co.jp/ WANI BOOKOUT http://www.wanibookout.com/
印刷所	株式会社 光邦
製本所	ナショナル製本

定価はカバーに表示してあります。

本書で紹介した方法を実行した場合の効果には個人差があります。また、持病をお持ちの方、現在通院をされている方は、事前に主治医と相談の上、実行してください。

ISBN 978-4-8470-9750-8